Create Smart Speaker Apps

스마트 스피커 앱 만들기

주식회사 아이엔터 타카우마 히로노리 저 | 정순관 역

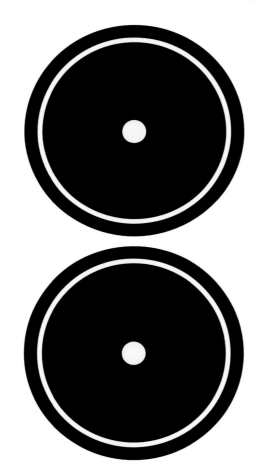

Alexa Skills Kit,
Dialogflow,
Clova Extensions Kit을 이용한

YoungJin.com Y.
영진닷컴

스마트 스피커 앱 만들기

SMART SPEAKER APP KAIHATSU NYUMON
Copyright© 2018 Hironori Takauma
Korean translation rights arranged with SHUWA SYSTEM CO., LTD.
through Japan UNI Agency, Inc., Tokyo and Korea Copyright Center, Inc., Seoul

ISBN   978-89-314-6295-1

독자님의 의견을 받습니다

이 책을 구입한 독자님은 영진닷컴의 가장 중요한 비평가이자 조언가입니다.

저희 책의 장점과 문제점이 무엇인지, 어떤 책이 출판되기를 바라는지, 책을 더욱 알차게 꾸밀 수 있는 아이디어가 있으면 팩스나 이메일, 또는 우편으로 연락주시기 바랍니다. 의견을 주실 때에는 책 제목 및 독자님의 성함과 연락처(전화번호나 이메일)를 꼭 남겨 주시기 바랍니다.

독자님의 의견에 대해 바로 답변을 드리고, 또 독자님의 의견을 다음 책에 충분히 반영하도록 늘 노력하겠습니다.

이메일   support@youngjin.com
주 소   (우)08505 서울시 금천구 가산디지털2로 123 월드메르디앙벤처센터2차 10층 1016호
㈜영진닷컴 기획1팀

※파본이나 잘못된 도서는 구입하신 곳에서 교환해 드립니다.

저자 주식회사 아이엔터 타카우마 히로노리 | **번역** 정순관 | **총괄** 김태경 | **진행** 최윤정, 이민혁
표지 디자인 김효정 | **본문 디자인 및 편집** 이경숙
영업 박준용, 임용수, 김도현 | **마케팅** 이승희, 김근주, 조민영, 김예진, 이은정 | **제작** 황장협 | **인쇄** 예림인쇄

저자 머리말

2017년 10월부터 일본에 스마트 스피커가 연이어 발매되기 시작하였습니다. Google은 Google Home, Amazon은 Amazon Echo, Naver는 Clova Wave를 발매하였고 누구라도 손쉽게 구매할 수 있게 되었습니다. 가격도 10만원 전후로 쉽게 AI를 접하는 시대가 되었습니다.

필자도 스마트 스피커와의 만남은 한 스터디에서 이루어졌습니다. 참가자 중 한 명이 이제 막 발매된 Google Home을 들고 온 것입니다. 그때까지는 스마트 스피커의 존재를 어렴풋이 알고는 있었지만 그렇게 매력적으로 다가오지는 않았습니다. 하지만 실제로 스마트 스피커를 직접 보자마자 바로 빠져들고 말았습니다. 목소리만으로 제어할 수 있다는 것에 감동을 받고 스마트 스피커의 장래성을 보았습니다.

스마트 스피커는 단순한 스피커가 아닙니다. 스마트폰에서는 화면을 터치하여 조작하지만 스마트 스피커는 목소리로 제어합니다. "내일 날씨는?"이라고 말하는 것만으로 인터넷에서 정보를 찾아 내일의 날씨를 알려 줍니다. 양손을 쓰지 못하는 상태에서도 목소리로 "3분 뒤에 알람 세팅"이라고 말하면 키친 타이머 역할을 해 줍니다.

저는 집의 에어컨이나 방의 조명은 전부 스마트 스피커로 제어합니다. 잘 때 "취침등 켜줘"라고 하면 방의 천장 조명이 취침등으로 바뀌고, 에어컨도 "난방 모드"나 "제습 모드"라고 말하는 것만으로 조작이 가능합니다.

이제는 목소리만으로 제어하는 세계를 누구나 간단하게 체험할 수 있게 되었습니다. 목소리로 모든 것을 움직일 수 있는 세상이 바로 눈앞에 다가왔습니다. 이 책에서는 프로그래밍 경험이 없는 분들이나 프로그래밍을 이제 막 시작한 분들도 순서대로 따라 하면 간단하게 스마트 스피커 애플리케이션을 만들 수 있도록 설명하고 있습니다. Google Home, Amazon Echo, Naver Clova의 애플리케이션 제작 순서를 상세하게 설명하고 있습니다. '스마트 스피커 애플리케이션을 만들려면 실제 기기가 필요한 거 아닐까?'라고 생각하는 분도 많겠지만, 동작을 확인하기 위한 시뮬레이터가 따로 있기 때문에 실제 기기를 갖고 있지 않아도 바로 애플리케이션을 만들 수 있습니다. 만든 애플리케이션은 전 세계에 무료로 배포할 수도 있습니다. 전 세계의 모든 사람들이 여러분이 만든 애플리케이션을 사용한다고 생각하면 두근거리지 않나요?

이 책을 참고하여 여러분만의 스마트 스피커 애플리케이션을 만들어 보는 건 어떤가요? 목소리로 제어한다는 두근거림과 흥분, 재미를 느낄 수 있을 겁니다.

저자_ 주식회사 아이엔터 **타카우마 히로노리**

역자의 말

"자비스~"

나만의 자비스가 생긴다면 어떤 느낌일까요? 물론 이미 많은 분들이 스마트폰이나 스마트 스피커로 각자의 자비스를 이용해 쾌적하게 보내고 있을 것입니다.

오래전, 말에서 말로 전해지는 정보의 전달이 활자를 통해 보다 많은 사람들에게 공유되었으며, 시간이 흘러 통신의 발달로 전파의 속도는 이전보다 훨씬 빨라졌습니다. 그 옛날 어찌해야 할 것인지를 마을에서 가장 경험이 많은 어르신에게 물어보는 것에서 책을 찾아보는 세상이 되었고, 인터넷의 발달과 더불어 많은 사람들은 직접 검색창에 검색어를 입력하여 원하는 정보를 찾을 수 있게 되었습니다. 그리고 기술이 점점 발전함에 따라 사람의 말을 기기가 알아듣게 되면서 말 그대로 나만의 자비스를 이용할 수 있는 세상이 되었습니다. 스마트 스피커를 이용하여 정보 검색 이외에도 스마트 가전을 제어하고 스피커 본래의 기능인 음악 재생도 가능합니다.

이 책은 대표적인 스마트 스피커인 Alexa Echo, Google Home, Naver Clova를 제어할 수 있는 애플리케이션 제작을 따라 해 볼 수 있는 내용을 담고 있습니다. 프로그래밍적인 부분이 있어 다소 어려울 수 있겠지만 따라 하다 보면 자연스레 프로그래밍 감각도 익힐 수 있으며 필요한 기능이 있다면 직접 만들어 보는 것도 가능하리라 여겨집니다.

VUI(Voice User Interface) 프로그래밍은 처음 접해 보는 영역이라 번역한 내용이 다소 어색한 부분이 있습니다. 이 부분은 역자의 한계이므로 널리 양해 부탁드립니다.

이 책을 통해 많은 분들이 자신만의 자비스를 만들어 보길 기원하며 이 책이 나올 수 있도록 도움을 주신 영진닷컴 관계자분들께 감사드립니다. 끝으로 항상 옆에서 응원과 사랑을 아낌없이 보내 주는 나의 가장 친한 친구이자 스승이며 연인인 와이프에게 사랑한다는 말을 전합니다.

역자_ **정순관**

프로그램 파일에 대하여

이 책에서 사용하고 있는 프로그램 파일은 영진닷컴 홈페이지에 접속한 뒤 **고객센터 〉 부록CD 다운로드** 페이지에서 다운로드 받을 수 있습니다. 이 책에 게재되는 소스 코드는 Apache License Version 2.0에 기반한 라이선스를 따릅니다.

• 영진닷컴 홈페이지 : http://www.youngjin.com/reader/pds/pds.asp

다운로드 파일(6295.zip) 압축을 풀면 다음과 같은 파일을 확인할 수 있습니다. 각각의 챕터에 해당하는 파일을 선택해 사용해 주세요.

Chapter2

2-6 : • GoogleHome/Hello/Hello.txt

Chapter3

3-4 : • Alexa/alexa-hello.zip

Chapter4

4-2 : • Naver/Hello/Hello.txt
        • Naver/Hello/icon.png
        • Naver/Hello/icon_108.png

Chapter5

5-1 : • GoogleHome/BMI/BMI1.txt
5-2 : • Alexa/BMI/BMI1.txt
5-3 : • Naver/BMI/BMI1.txt
        • Naver/BMI/icon.png
5-4 : • GoogleHome/BMI/BMI2.txt
5-5 : • Alexa/BMI/BMI2-1.txt
        • Alexa/BMI/BMI2-2.txt
5-6 : • Naver/BMI/BMI2.txt
5-7 : • GoogleHome/Memo/Memo.txt
5-8 : • Alexa/Memo/Memo.txt

Chapter6

목차

목차

Chapter 03 Amazon Echo 스킬 만들기

Chapter 04 Naver Clova 스킬 만들기

목차

Chapter 06 Node-RED로 Google Home / Amazon Echo용 스킬 개발하기

목차

Chapter 07 스킬 신청 방법

※ 주의

1. 이 책은 저자가 독자적으로 조사한 결과를 출판하였습니다.

2. 이 책의 내용을 운영한 결과의 영향에 대해서는 책임지지 않을 수 있는 점 양해 바랍니다.

Chapter 01

스마트 스피커란
무엇인가?

이번 장에서는 스마트 스피커란 무엇인지, 스마트 스피커로 무엇을 할 수 있는지를 설명합니다. 또한 2017년에 출시된 Google Home / Amazon Echo / Naver Clova에 대해 각각의 특징이나 차이점에 대해 설명하겠습니다. 이 책에서는 이 세 가지 스마트 스피커를 3대 스피커라고 부르겠습니다.

1.1 스마트 스피커로 가능한 것들

해외에서는 이미 출시된 Google Home이 한국에서는 2018년 9월에 출시되었고, Naver Clova는 2017년 5월에 출시되었습니다. Amazon Echo는 현재 국내 출시를 검토 중입니다. 이번 절에서는 스마트 스피커의 기능과 구조, 스마트 스피커로 할 수 있는 것에 대해 설명하겠습니다.

▶ 스마트 스피커란 무엇인가

스마트 스피커란 대화형 음성 조작 AI 어시스턴트 기능을 가진 스피커입니다. 무선 랜이 내장되어 있어 사람이 말을 걸면 바로 인터넷상에 연결됩니다. 또한, 뛰어난 음성 인식 기능이 탑재되어 있어 AI가 사람의 목소리를 인식하고, 질문이나 요청에 답해 줍니다.

▶ 스마트 스피커의 주요 기능

스마트 스피커에는 다음과 같은 기능이 있습니다.

1) 음악 재생

스피커이므로 당연히 음악 재생이 가능합니다. 하지만 일반 스피커와 달리, 재생하고 싶은 음악을 사람이 말을 하여 정할 수 있습니다. 일반 스피커의 경우 전원을 켜고 스마트폰에 접속을 한 뒤, 음악 앱을 실행하고 곡을 선택한 후에야 비로소 곡이 재생됩니다. 반면 스마트 스피커는 "재즈를 틀어줘"라는 말을 하기만 해도 바로 음악을 들을 수 있습니다(그림 1).

[그림 1] 스마트폰으로 차례대로 조작해야 재생 가능(왼쪽) / 스마트 스피커에게 말을 하면 음악 재생 가능(오른쪽)

단, 음악을 재생하기 위해서 Google Home은 Google Play Music의 정액 플랜에 가입해야 합니다. Amazon Echo는 Amazon 프라임 뮤직에 가입해야 하며, Naver Clova는 Naver Music 등 국내 음원 서비스에 가입해야 합니다.

2) 정보 검색 및 호출

날씨나 뉴스, 스포츠, 매장 정보 등을 질문하면 최신 정보를 인터넷에서 검색하여 실시간으로 알려 줍니다. 예를 들어, TV에 나오는 연예인의 나이가 궁금할 때 "(연예인 이름)의 나이를 알려줘"라고 말하면, 스피커가 바로 검색하여 대답해 줍니다.

3) 기기 컨트롤

Nature Remo라고 하는 적외선 학습 리모컨을 사용하면 음성으로 텔레비전의 전원을 제어하거나 에어컨이나 전등을 제어할 수 있습니다(그림 2).

[그림 2] 스마트 리모콘을 이용하여 가전제품을 제어

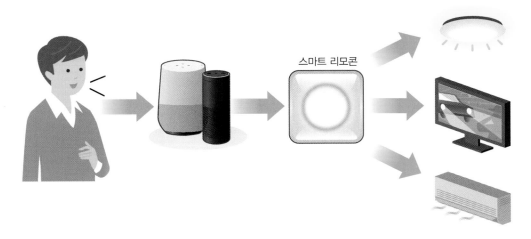

스마트 리모콘

▶ 3대 스마트 스피커에 대하여
(Google Home/Amazon Echo/Naver Clova)

3대 스마트 스피커인 Google Home, Amazon Echo, Naver Clova에 대해 각각의 특징이나 기능을 살펴보도록 하겠습니다.

1) Google Home

Google Home은 Google에서 2018년 9월 18일에 출시(국내 출시 기준)한 스마트 스피커입니다. 대화형 AI인 'Google 어시스턴트'가 탑재되어 있으며, "OK Google"이라고 부른 뒤에 말하는 내용에 반응합니다. Google Home과 Google Home Mini 두 타입으로 출시되었고, 큰 차이는 없지만 음질이나 기기 상단의 조작 버튼 유무 정도의 차이가 있습니다.

Voice Match 기능이 탑재되어 있어 최대 6명의 목소리를 구분할 수 있으며, 목소리 주인의 스케줄을 확인하는 것도 가능합니다. 가장 큰 강점은 Google의 방대한 검색 시스템을 사용할 수 있다는 점입니다. 타사의 스마트 스피커는 위키피디아의 내용을 대답하는 경우가 많지만 Google Home은 검색의 강점을 살려 항상 최신 정보를 알려 줍니다.

2) Amazon Echo

Amazon Echo는 Amazon에서 2017년에 일본을 비롯한 여러 나라에서 출시했지만 한국어는 아직 지원하지 않고 있습니다. 처음에는 초대 제도 때문에 Amazon으로부터 선택받은 사람만 구입할 수 있었으나, 2018년 4월 3일에 초대 제도가 없어지면서 누구든 Amazon에서 구입할 수 있게 되었습니다. Amazon Echo에는 대화형 AI인 'Alexa(알렉사)'가 탑재되어 있습니다. "알렉사"라고 부른 뒤에 말하는 내용에 반응합니다.

현재 Amazon Echo Plus, Amazon Echo, Amazon Echo Dot, Amazon Echo Spot 등의 타입이 출시되었습니다. Amazon Echo Plus는 스마트 홈 허브가 내장되어 있어 스마트 홈에 대응하는 전구를 목소리로 조작할 수 있습니다. 이 모델은 스피커의 음질이 가장 좋은 모델입니다. Amazon Echo는 Plus보다는 음질이 떨어지며 스마트 홈 허브가 없는 모델입니다. 딱히 가전제품을 조작할 필요가 없는 분은 Echo 모델로도 충분합니다. Echo Dot은 스피커의 음질이 가장 낮지만 손 위에 올라가는 사이즈의 컴팩트한 모델입니다. 가격도 저렴하기 때문에 메인 기기와는 별도로 서브 기기로 충분히 사용 가능합니다. Amazon Echo Spot은 화면이 있는 스마트 스피커입니다. 동그란 화면이 특징으로 카메라도 있기 때문에 화상전화나 반려 동물을 살펴볼 때 사용됩니다.

Amazon Echo의 최대 강점은 목소리로 Amazon 쇼핑을 할 수 있다는 점입니다. "알렉사, 키친 타월 사다 줘"라고 말하면 스토어에서 쇼핑할 수 있습니다.

3) Naver Clova

Naver Clova는 Naver에서 2017년 5월 12일에 출시(국내 출시 기준)했으며, 스마트 스피커 중에서는 국내에서 가장 처음 출시되었습니다. Naver Clova에는 대화형 AI인 'Clova(클로바)'가 탑재되어 있습니다. "헤이 클로바"라고 부른 뒤에 말하는 내용에 대해 반응합니다.

현재 Naver Clova WAVE, Friends, Friends mini의 세 가지 타입과 도라에몽, 미니언즈 에디션 등으로 출시되었습니다. Smart Home Control 기능이 탑재되어 있어 음성으로 홈 IoT 기기를 제어할 수 있으며 Naver 인기 캐릭터(브라운, 샐리) 모델이 출시되었습니다. 세 가지 타입 모두 배터리가 내장되어 있기 때문에 다양한 장소에 옮겨 다니며 사용할 수 있습니다. 가장 큰 장점은 LINE을 사용할 수 있는 것입니다. 스마트 스피커를 통해 LINE 통화가 가능하며, 목소리만으로 LINE 메시지를 보낼 수 있습니다.

지금까지의 설명을 표로 정리하여 각 스마트 스피커를 비교하면 다음과 같습니다(표 1).

[표 1] 3대 스피커 비교

	Google Home	Amazon Echo	Naver Clova
가격	59,900원~	$49.99(59,000원)~	60,000원~
탑재 AI	구글 어시스턴트	알렉사	클로바
음악서비스	Google Play Music	Amazon 프라임 뮤직	네이버 뮤직
특징	강력한 검색 기능	쇼핑에 최적	스마트 홈 컨트롤 기능 탑재

Column

Naver Clova 음성 주문 설정하기

2018년 5월 네이버 클로바에 "음성 주문"이 새로 적용되었으며 "Clova Friends"와 "Clova Friens Mini"를 통해 다양한 상품을 간편하게 주문할 수 있습니다.

음성 주문 설정 방법은 다음과 같습니다.

네이버 클로바 앱을 실행한 뒤 오른쪽 하단의 [더보기] 버튼을 터치하여 설정 화면으로 이동합니다. 설정 화면에서 "음성 주문" 항목을 터치하여 주의사항 확인 페이지로 이동합니다. 이용 동의 및 네이버파이낸셜 서비스 약관 동의를 체크한 후 음성 주문 설정 페이지로 이동합니다. 음성 주문 설정 페이지에서 "음성 주문 사용" 항목을 터치하여 활성화시킨 후 결제 수단 설정과 배송지 설정을 완료하면 음성 주문 설정이 완료됩니다.

[화면] Naver Clova 음성 주문 설정 방법

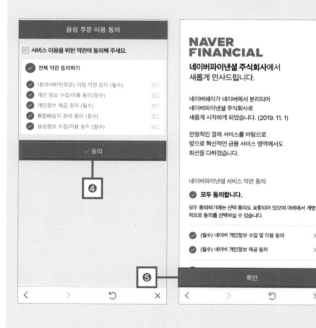

❶ 오른쪽 하단 [더보기] 버튼 터치
❷ 설정 화면에서 "음성 주문" 항목 터치
❸ 음성 주문 주의사항 확인
❹ 음성 주문 이용 동의
❺ 네이버파이낸셜 서비스 약관 동의
❻ "음성 주문 사용" 활성화

▶ 미래의 스마트 스피커

미래에는 스피커뿐만 아니라 가전제품, 자동차 등에도 AI가 탑재될 것입니다. 아직까지는 스마트 리모콘을 통해 가전제품을 조작하고 있지만, 앞으로는 직접 가전제품을 제어할 수 있을 것입니다. 최근 발표에 의하면 거울에 AI 어시스턴트가 탑재되어 피부 상태를 진단해 주는 기능이 있다고 합니다. 자동차에 AI가 탑재된 광고도 늘어나고 있습니다. 주인의 목소리를 듣고 문을 열어 주거나, 미리 시동을 걸어 에어컨을 틀어서 차량 내부를 쾌적한 상태로 만들어 주는 일들도 바로 눈앞까지 와 있습니다. 오래 전에 '전격 Z작전'이라는 미국 드라마에 나오는 자동차가 판매될 날도 머지 않았습니다.

Column

Naver Clova 호출명 변경

"헤이 클로바"라는 호출 명령어를 호출명이라고 합니다. 이 호출명을 Naver Clova에서는 Clova 앱의 설정에서 "헤이 클로바"와 "클로바" 중 마음에 드는 호출명으로 설정할 수 있습니다.

[화면] Naver Clova 호출명 설정 방법

❶ 오른쪽 하단 [더보기] 버튼 터치
❷ 설정 화면에서 "앱 음성 안내" 항목 터치
❸ "호출명" 항목에서 마음에 드는 호출명 선택

1.2 스마트 스피커 앱 개발 특징

스마트폰에는 다른 사람들이 개발한 앱이 존재합니다. 스마트 스피커에도 앱을 개발하여 출시할 수 있는 환경이 갖춰져 있습니다. 이미 1,000개가 넘는 스마트 스피커 앱이 출시되어 있고 하루에도 3~4개의 앱이 출시되며, 누구나 무료로 앱을 개발할 수 있는 시대가 되었습니다. 이번에는 스마트 스피커 개발의 특징에 대해 설명하겠습니다

▶ 스킬(액션)에 대해

스마트폰에서의 앱을 스마트 스피커에서는 스킬(액션)이라고 합니다(Amazon Echo / Naver Clova에서는 스킬, Google Home에서는 액션). 이 책에서는 모두 스킬이라는 용어로 통일하겠습니다.

하루에 3~4개의 스킬이 배포되고 그 수는 1,000개가 넘었습니다. 현재는 Amazon Echo의 스킬이 60%에 달하고 Google이 나머지 30% 정도의 스킬을 차지하고 있습니다. Naver Clova는 2017년 12월에 'Clova Extensions Kit'을 공개하였습니다.

▶ 스킬 개발 개념에 대해

스킬 작성은 Google Home에서는 'Dialogflow', Amazon Echo에서는 'Alexa Skills Kit', Naver Clova에서는 'Clova Extensions Kit'이라고 불리는 개발 툴로 개발할 수 있습니다. 간단한 인사 정도의 스킬은 프로그래밍 기술이 특별히 필요하지 않으며 대화의 흐름을 화면으로 조작하는 것만으로 쉽게 개발할 수 있습니다. 하지만 좀 더 복잡한 경우라면 최소한의 프로그래밍 기술이 필요합니다.

개발에 필요한 지식으로는 Intent나 Entity, Slot이라고 하는 것들이 존재합니다. 이 부분은 뒤에서 설명하겠습니다.

음성으로 조작하기 위한 VUI(Voice User Interface)에 대해

지금까지는 스마트폰이나 컴퓨터와 같이 화면이 있어 조작할 수 있는 GUI(Graphic User Interface)가 있었습니다. 사용자가 다음에 어떤 버튼을 눌러야 할지, 그 버튼은 누르기 쉬운지, 색감 등을 고려하여 디자이너나 프로그래머가 디자인해 왔습니다. 하지만 스마트 스피커는 음성으로 조작하므로 이를 위한 인터페이스를 VUI(Voice User Interface)라고 합니다.

말 그대로 사용자는 목소리로 여러 가지 조작을 처리할 필요가 있습니다. 예를 들면, 회전 초밥집의 주문 시스템에서는 터치 패널의 이미지로 초밥을 고를 수도 있지만, 이를 VUI로 치환하면 "1번 초밥 주세요"나 "2번 음료 주세요"처럼 목소리로 동일하게 주문할 수 있어야 합니다.

하지만, VUI를 고려하지 않고 시스템을 만들어 버리면 전혀 다른 주문을 받게 되는 경우가 생길 수 있습니다. 맥주 주문을 예로 들면, 사람마다 '병맥', '생맥', '500' 등 말하는 방법은 다양합니다. AI도 실수하지 않고 사람도 실수하지 않도록 1번 맥주 등 번호로 주문을 확정할 수 있는 VUI를 염두에 두어야 합니다.

여기까지 보면 VUI가 불편하다고 생각할 수도 있습니다. 하지만 다음 예를 보면 어떨까요? 스마트폰으로 알람을 설정할 때는 '스마트폰을 찾는다' 〉 '전원을 켠다' 〉 '시계 앱을 연다' 〉 '알람 설정을 한다'와 같은 순서로 해야 설정할 수 있습니다. 이에 반해 VUI는 "내일 아침 7시에 알람을 맞춰 줘"라고 말만 하면 한번에 해결됩니다(그림 1).

[그림 1] VUI가 압도적으로 빠르다!

개발 비용에 대해

개인이 스킬을 개발하는 경우에는 어지간히 인기를 얻지 않는 이상 무료로 개발할 수 있습니다 (표 1). 서버에 요청이 호출되면 1회로 카운트됩니다. Google의 경우 Firebase Cloud Functions의 무료 호출 횟수는 월 12만 5천회입니다. 12만 5천회 이상의 호출을 이용하고 싶은 경우에는 약 월 30,000원을 지불하면 200만회로 늘어납니다. Amazon의 경우 AWS Lambda 무료 호출 횟수가 월 100만회이며 100만회가 넘어가도 100만회마다 0.2 달러 정도밖에 들지 않으니 비용은 그렇게 높지 않습니다. 취미로 즐기는 경우라면 충분히 무료로 사용할 수 있습니다.

[표 1] 개발에 드는 비용

	Google Home	Amazon Echo
요청 수	125,000회 / 월	100만회 / 월
과금	200만회 / 월 $25	다음 100만회마다 $0.2

▶ 배포한 스킬의 소개

저희 회사에서는 'BMI 측정'이라는 스킬을 배포하였습니다. Google의 경우 "OK Google, BMI 측정을 열어 줘"라고 하며, Amazon Echo의 경우 "알렉사, BMI 측정을 열어 줘", Naver Clova의 경우 "클로바, BMI 측정을 열어 줘"라고 하면 스킬이 실행됩니다. 측정하고 싶은 사람의 신장과 체중을 스마트 스피커에 말하면 BMI라고 부르는 비만도를 산출하여 응답해 줍니다. 이 스킬을 개발하는 데 걸리는 시간은 몇 시간 정도였습니다. 다음 장에서 이 스킬을 만드는 방법을 설명하도록 하겠습니다.

Chapter 02

Google Home
스킬 만들기

2장에서는 Google Home 전용 스킬을 만들어 보겠습니다. 스킬 작성이나 실행에는 실제 Google Home 기기가 없어도 괜찮습니다. 개발에 필요한 시뮬레이터가 있기 때문에 실제 기기를 구매하지 않아도 바로 스킬을 만들 수 있습니다. 이번 장에서는 스킬 작성에 필요한 개념과 Dialogflow라고 하는 개발 툴의 사용법을 익히도록 하겠습니다.

2 | Dialogflow란
1

Dialogflow는 자연어로 대화할 수 있는 챗봇(인공지능을 활용한 자동 대화 프로그램)을 만들기 위한 툴입니다. 2016년 9월에 Dialogflow를 개발한 API.AI 팀을 Google이 인수하면서 Dialogflow로 이름을 변경하였습니다. 간단한 대화 스킬은 프로그래밍이 없어도 작성할 수 있습니다.

▶ Dialogflow를 사용할 때의 중요 개념 4가지

먼저 Dialogflow를 사용할 때 필요한 4가지 개념과 그 의미를 확인해 보도록 하겠습니다. 이 4가지 용어는 자주 쓰이므로 그 때마다 이 페이지를 들춰 보시기 바랍니다. 실제 대화 스킬을 작성할 때도 이 용어를 사용하여 설명합니다.

1) Agent(에이전트)

첫 번째 개념은 Agent(에이전트)입니다. Agent는 스킬 프로젝트 자체를 말합니다. 즉, Agent = 앱 프로젝트라고 생각해도 무방합니다. 하나의 스킬에 하나의 Agent가 존재하므로 각각의 스킬에 대해 Agent를 생성합니다.

2) Intent(인텐트)

두 번째 개념은 Intent(인텐트)입니다. Intent는 스킬에서 핵심적인 역할을 수행합니다. Google Home에서 전달받은 말을 중계하거나, 가공하여 다른 것으로 바꾸거나, 전달받은 것을 서버에 보내기도 하고, 서버에서 받은 것을 Google Home에 돌려주기도 합니다. Intent의 이름은 원하는 대로 지정할 수 있습니다. 개발할 때 알기 쉬운 이름으로 정하는 것을 추천합니다.

3) Entity(엔티티)

세 번째 개념은 Entity(엔티티)입니다. Entity는 다르게 표현된 것들을 이해시키기 위한 사전과 같은 역할을 합니다. 예를 들어, "종료"라는 표현 하나도 사람에 따라 각자 다르게 표현합니다. "끝", "바이바이", "안녕", "그걸로 됐어", "이제 그만" 등 이 모든 표현을 "종료"라고 인식할 수 있도록 사전에 등록하여 사용할 수 있습니다.

4) Fulfillment(풀필먼트)

네 번째 개념은 Fulfillment(풀필먼트)입니다. Fulfillment란 Intent에서 전달받은 것을 외부 서버로 넘겨주는 기능을 합니다. 예를 들어, 사무실에서 이용할 때를 생각해 봅시다. 음성으로 "영업부에 소속된 사람이 몇 명이지?"라고 하면, 그 표현에 반응하는 Intent에서 내용을 전달받습니다. 전달받은 내용은 "영업부"가 어느 부서인지를 Intent에서 분해하고 해석합니다. 분석한 내용을 Fulfillment를 사용하여 외부 서버로 전송하고 "영업부"에 소속된 사원 명부를 가져와 응답을 돌려 줍니다. 주로 서버 통신과 그 결과를 전달받을 때 사용합니다. 서버를 사용하여 응답을 받는 스킬을 개발하지 않을 때에는 굳이 사용하지 않습니다.

지금까지 말씀 드린 4가지 개념을 정리하면 다음과 같습니다(그림 1).

[그림 1] Dialogflow의 중요한 개념 4가지

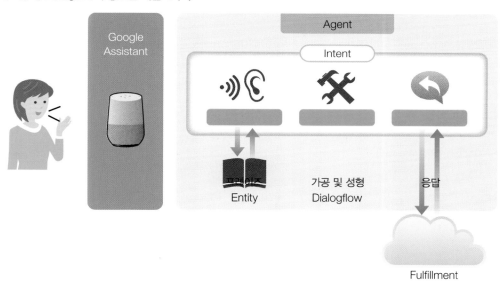

2·2 Dialogflow 이용 전 준비 사항

이제부터 대화 인공지능을 만들기 위해 Dialogflow를 사용해 보겠습니다. 이 툴을 사용하기 위해서는 Google 계정이 필요합니다. 이미 계정이 있다면 기존 계정을 사용해 주세요. 또한, 툴을 사용하기 위해서는 권한 허가도 필요합니다.

▶ Google 계정 생성

Google 계정은 https://accounts.google.com/signup/v2/webcreateaccount?hl=ko에 접속하여 만듭니다(화면 1). Google Home에 접속하려는 분은 설정한 계정과 동일한 계정을 이용해 주세요. 같은 계정을 사용해야 Dialogflow와 계정이 연결되어 작성한 스킬을 Google Home에서 호출할 수 있습니다.

[화면 1] 신규 Google 계정 작성 화면

▶ 각 설정 활성화

이제 각 설정을 활성화시켜 보겠습니다. Dialogflow에서 개발할 때는 설정을 활성화해야 합니다. 이 설정을 하지 않으면 Google Home 실제 기기에서 접속이 되지 않거나 시뮬레이터에서 확인할 수 없으므로 반드시 설정하도록 합니다.

Google 계정에 로그인한 뒤 활동 제어 페이지에 접속하여 주세요(https://myaccount.google.com/activitycontrols). 우선 웹 및 앱 활동을 활성화합니다(화면 2). 이 설정을 활성화하면 Google 서비스의 검색이나 활동이 Google 계정에 저장됩니다. 화면 3처럼 추가 웹 및 앱 활동 사용 설정 여부에 대한 팝업창이 뜨면 [사용]을 클릭합니다.

음성 및 오디오 녹음도 활성화하고 마찬가지로 음성 및 오디오 녹음에 대한 팝업창이 뜨면 [사용]을 클릭합니다. 이 설정을 활성화하면 음성 녹음한 데이터가 Google 계정에 저장됩니다.

[화면 2] 웹 및 앱 활동 유효화

[화면 3] 웹 및 앱 활동 사용 설정 여부에 대한 팝업창

추가 웹 및 앱 활동 사용 설정 여부

추가 웹 및 앱 활동은 다음을 포함하여 Google 서비스를 사용하는 사이트, 앱, 기기에서 이루어진 활동을 저장합니다.
- Google과 파트너 관계를 맺고 광고를 표시하는 사이트와 앱에서 이루어진 활동
- Chrome 방문 기록(Chrome 동기화가 사용 설정된 경우)
- 앱에서 Google과 공유하는 데이터를 포함한 앱 활동
- 배터리 잔량, 기기 및 앱 사용 빈도, 시스템 오류 등의 Android 사용 및 진단 정보
인터넷에 연결되지 않은 상태에서 기기를 사용하면 인터넷에 다시 연결되었을 때 계정에 데이터가 저장될 수 있습니다.

모든 Google 서비스에서 계정에 이 데이터를 저장하는 것은 아닙니다.

이 데이터는 도움이 되는 앱 및 콘텐츠 추천, 유용한 광고 표시 등 Google 안팎에서 다양한 Google 서비스를 통해 더욱 맞춤설정된 환경을 제공하는 데 사용됩니다.

이 데이터는 사용자에게 더욱 맞춤설정된 환경을 제공하기 위해 로그인된 Google 서비스에서 저장 및 사용될 수 있습니다. account.google.com에서 데이터를 확인하거나 삭제하고 설정을 변경할 수 있습니다.

취소   사용 ——— 클릭

Column

Google 계정이 회사 계정인 경우

Google 계정이 회사에서 생성된 경우에 확인해야 할 사항이 있습니다. 화면 1에서 설정한 웹 및 앱 활동 활성화가 되지 않거나 제작된 스킬이 동작하지 않는 경우가 있는데, 이런 현상은 회사 측에서 활성화가 되지 않도록 권한을 설정한 것일 수도 있습니다. 회사 계정으로 스킬을 제작하는 경우에는 계정 권한의 추가, 편집이 가능한 관리자에게 설정 변경을 요청할 필요가 있습니다. 확실히 하기 위해 직접 신규 계정을 생성하는 것을 추천합니다.

2.3 인사 스킬 만들기
– Google Home편

이제부터 스킬을 만들어 보겠습니다. 사용자가 "안녕"이라고 하면 Google Home이 "좋은 아침 이에요" 혹은 "안녕하세요"라고 대답하는 간단한 인사 스킬입니다.

▶ Dialogflow에 접속

2.2절에서 생성한 Google 계정에 로그인한 뒤 Dialogflow에 접속합니다(https://dialogflow. com/). [Sign in with Google] 버튼을 클릭합니다(화면 1). Dialogflow가 권한 허가 요청을 하므로 [허용] 버튼을 클릭하여 주세요. 허용 버튼을 클릭한 뒤 서비스 활성화 여부를 체크해야 합니다. "Yes, I have read and accept the agreement."를 체크하고 화면 오른쪽 아래의 [ACCEPT] 버튼을 클릭해 주세요(화면 2).

[화면 1] Google 계정으로 로그인 후 Dialogflow의 접속을 허가

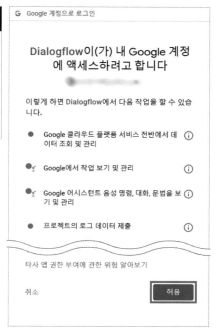

[화면 2] 체크박스 클릭 후 [ACCEPT] 버튼 클릭

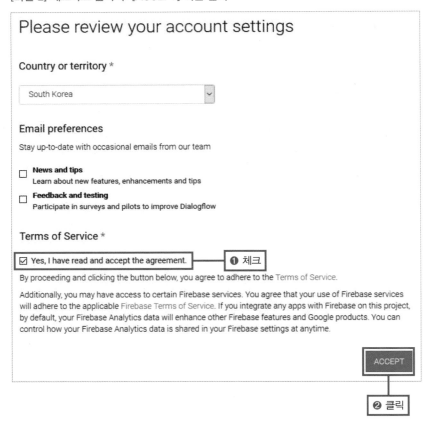

Agent 만들기

　　로그인 후에 Dialogflow의 화면이 나타나면 화면 오른쪽 아래에 있는 [CREATE AGENT] 버튼을 클릭합니다(화면 3). 이제부터 제작해 나갈 인사 스킬에서 인사하는 것과 인사에 대한 응답을 설정할 Agent의 이름으로 "Hello"라는 Agent를 제작합니다(화면 4). 우선은 Agent 이름을 "Hello"라고 입력하고 DEFAULT LANGUAGE를 "Korean – ko"를 선택합니다. 그 뒤 오른쪽 위의 [CREATE] 버튼을 클릭합니다.

[화면 3] [CREATE AGENT] 버튼 클릭

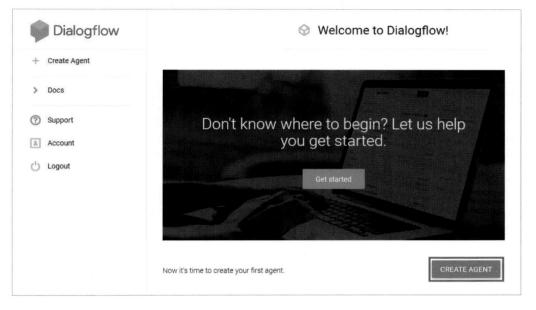

[화면 4] "Hello"라는 Agent 이름을 입력하고 Korean(South Korea) — ko를 선택한 뒤 [CREATE] 버튼 클릭

▶ Intent 만들기

Agent 제작이 끝나면 Intent 제작 화면으로 이동합니다(화면 5). 그리고 어떤 단어에 반응할 것인가를 등록하는 Intent를 제작합니다. Intent를 제작하면 "안녕하세요"라는 단어에 반응할 수 있게 됩니다. 화면 오른쪽 위의 [CREATE INTENT] 버튼을 클릭합니다.

[화면 5] [CREATE INTENT] 버튼 클릭

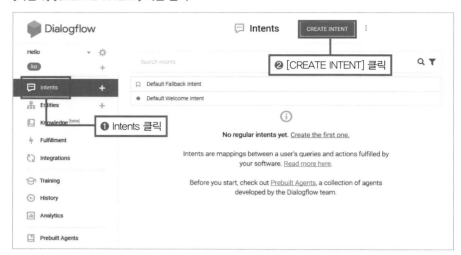

화면 6의 Intent name에 "HelloIntent"를 입력하고 Training phrases의 하위 메뉴를 펼칩니다. 항목 아래에 "ADD TRAINING PHRASES"를 클릭하여 Add user expression에 "안녕하세요"를 입력합니다.

[화면 6] "ADD TRAINING PHRASE" 클릭하여 "안녕하세요"를 입력

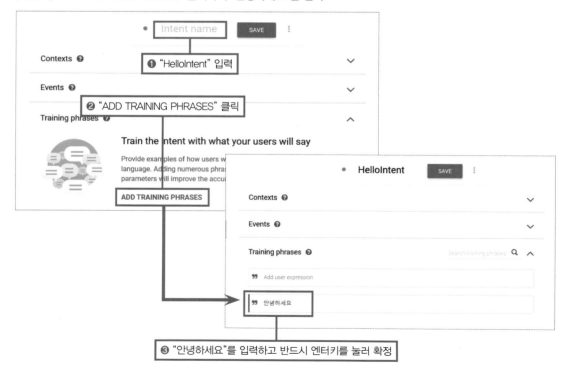

Responses에서는 Google Home에게 듣고 싶은 단어를 입력합니다. "ADD RESPONSE"를 클릭하여 Text response 1에 "여러분 안녕하세요!"를 입력합니다(화면 7). 이 곳에는 응답받고 싶은 말을 입력합니다. 입력이 끝나면 오른쪽 위에 있는 [SAVE] 버튼을 클릭합니다. 여러 개를 등록하면 그중에서 무작위로 선택됩니다. 다양하게 등록하면 AI답게 유연한 대화가 진행되도록 할 수 있습니다.

[화면 7] Text response에 "여러분 안녕하세요!" 입력

화면 8에 보이는 것처럼 Dialogflow 화면 오른쪽 위에 있는 Try it now 입력창에 "안녕하세요"를 입력하면 DEFAULT RESPONSE 부분에서 "여러분 안녕하세요!"를 확인할 수 있습니다. 간단한 동작을 확인하고 싶은 경우 Try it now에서 쉽게 확인할 수 있으니 적극적으로 사용해 보세요. 텍스트 박스에 문자를 입력하여 테스트할 수 있으며 마이크 버튼을 클릭하면 음성으로 확인할 수 있습니다. Chrome 브라우저가 아닌 경우 마이크 버튼이 없는 경우도 있으니 Chrome 브라우저를 사용할 것을 추천합니다.

[화면 8] Try it now에서 쉽게 확인 가능

▶ Entity 만들기

화면 9에 보이는 것처럼 Entities 옆에 있는 [+] 버튼을 클릭하여 Entity name에 "End"를 입력합니다. Click here to edit entry에 연결되는 단어를 등록합니다. 여기에 등록하는 단어는 스킬을 종료할 때 사용하는 단어로, 등록한 단어 전부를 "종료"라는 단어로 인식하게 됩니다.

[화면 9] 종료의 여러 표현을 등록

이제 앞서 등록한 "종료"라는 단어에 응답하기 위한 Intent를 제작합니다(화면 10). Intents 옆에 있는 [+] 버튼을 클릭하여 신규 Intent를 만들어 줍니다.

Intent 이름으로 "EndIntent"를 입력하고 Training phrases에 앞에서 등록한 Entity의 단어 중 하나를 골라 입력 후 엔터키를 눌러 주세요. 이번에는 "종료"를 선택했습니다. 자동으로 Action and parameters 부분에 "종료"라는 단어가 포함된 End의 Entity 이름이 파라미터로써 입력됩니다. Responses의 첫 번째 Text response에 "다음에 또 봐요!"라고 입력하고 화면 오른쪽 위에 있는 [SAVE] 버튼을 클릭하여 저장합니다. 여기에 입력한 메시지가 "종료"나 "바이바이"라는 단어에 응답하여 Google Home이 "다음에 또 봐요!"라고 대답합니다. 전부 입력하면 화면 10과 같이 됩니다.

[화면 10] EndIntent에 전부 입력한 모습이 다음과 같으면 OK

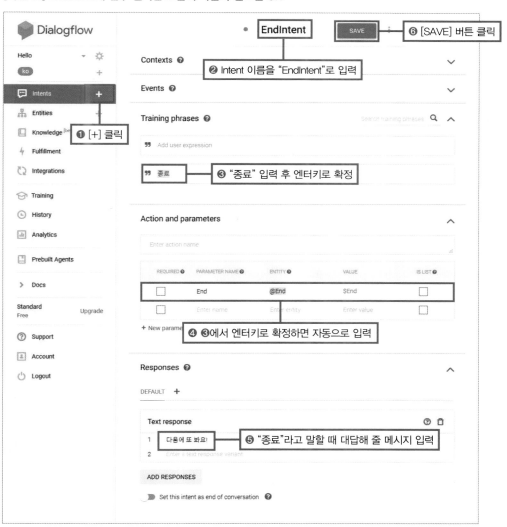

2·4 시뮬레이터에서 확인하기

제작한 스킬을 시뮬레이터에서 확인해 봅시다. Dialogflow에서 제작한 것들은 시뮬레이터에서도 간단히 확인할 수 있습니다. 시뮬레이터뿐만 아니라 실제 기기에서도 동일한 동작을 확인할 수 있습니다.

시뮬레이터의 특징으로는 응답 메시지의 내용을 확인하거나, 2018년 7월 27일에 미국에서 먼저 발매된 스마트 디스플레이에 표시되는 콘텐츠의 화면 레이아웃 등을 확인할 수 있습니다.

▶ Dialogflow와 시뮬레이터 연동

Dialogflow에서 만든 것을 시뮬레이터에서 확인하는 설정을 해보도록 하겠습니다. Dialogflow의 Integrations를 클릭하여 Google Assistant를 클릭합니다(화면 1).

[화면 1] Integrations의 Google Assistant 클릭

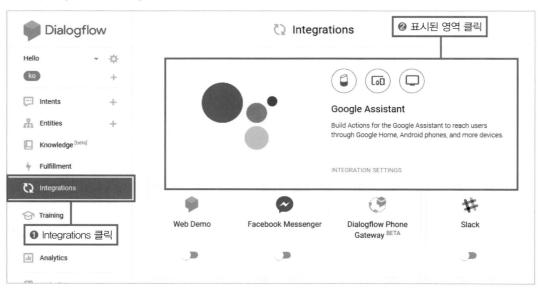

Google Assistant의 다이얼로그가 표시되는데 "Auto-preview changes"를 활성화해 주세요(화면 2). [TEST]를 클릭하면 Actions on Google 페이지가 나타납니다(화면 3).

[화면 2] "Auto-preview changes" 활성화시킨 뒤 [TEST] 클릭

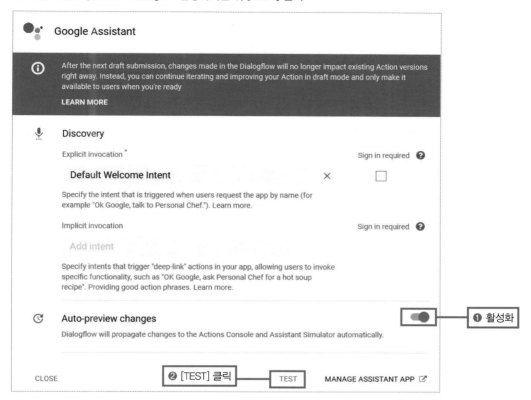

시뮬레이터가 화면에 나타나면 "테스트 앱한테 말하기"라는 부분을 클릭합니다. 이렇게 하면 시뮬레이터가 "안녕하세요!"라고 대답합니다.

[화면 3] 마우스로 클릭

화면 4에서처럼 "안녕하세요"라고 입력하면 HelloIntent의 Text response에서 설정한 응답인 "여러분 안녕하세요!"를 시뮬레이터가 대답합니다.

[화면 4] 시뮬레이터에서 "안녕하세요" 입력

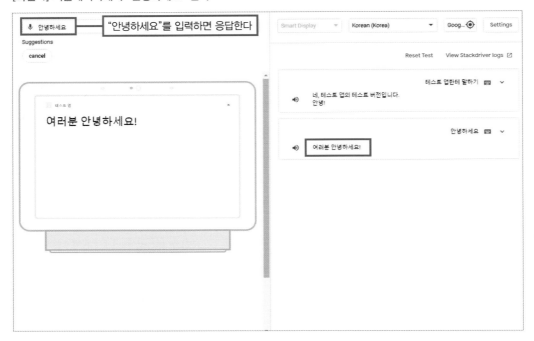

이것으로 시뮬레이터에서의 동작이 확인되었습니다. Dialogflow에서 "여러분 안녕하세요!"라고 입력한 문자를 다른 문자로 바꿔서 저장한 뒤 다시 시뮬레이터 화면에서 "안녕하세요"를 입력하면 바로 반영됩니다. 화면 위의 스피커 아이콘을 클릭하면 이미 말한 내용을 다시 들을 수 있습니다.

▶ 스킬 이름 설정하기

제작한 스킬을 기동할 때 "테스트 앱한테 말하기"라고 했지만 이 부분은 원하는 단어로 바꿀 수 있습니다. 이번에는 인사 스킬이므로 스킬 이름을 "인사"라고 하겠습니다. Google Home에서는 음성 입력된 문자열과 설정한 스킬 이름의 문자열이 같지 않으면 스킬을 작동시킬 수 없습니다.

화면 5처럼 상단 메뉴의 Develop 탭을 클릭한 다음 왼쪽 메뉴에 있는 Invocation을 클릭하여 스킬 설정 화면을 표시합니다. Display name에 "OK Google" 뒤에 말할 내용을 정합니다. 이번에는 "인사"로 하겠습니다. Google Home이 변환하는 문자열과 일치시킵니다. Google Assistant voice는 네 종류의 음색(남성 1, 2 / 여성 1, 2) 중에서 고를 수 있습니다. 입력이 끝나면 마지막으로 [Save] 버튼을 클릭합니다.

[화면 5] 스킬 이름이나 어시스턴트의 음성 설정을 진행

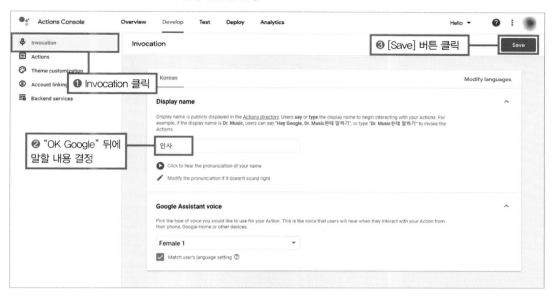

저장을 하면 에러 메시지가 나타납니다(화면 6). 이 에러는 이미 다른 사람이 "인사"라는 이름을 사용하여 스킬을 개발하고 있다는 뜻입니다. 실제로 스킬을 만들어 배포할 때에는 다른 사람이 사용하고 있지 않은 이름으로 설정해야만 합니다. 이번에는 배포를 하지 않으므로 스킬 이름이 다른 사람과 겹쳐도 상관 없습니다. 배포하지 않는 한 이름이 겹쳐도 문제는 없습니다.

[화면 6] 배포할 때에는 다른 사람이 만든 스킬 이름과 겹치는지 확인

인사

Could not reserve your pronunciation '인사' because: Your Action's display name must contain more than one word, or more than one word and a prefix (such as "the" or "an"). If you need further guidance, please contact support ☑.

화면 7처럼 상단 메뉴에 있는 Test를 클릭하여 시뮬레이터 화면을 표시합니다. 시뮬레이터 화면에 "인사한테 말하기"라고 입력하고 스킬이 실행되는 것을 확인합니다. 화면의 Suggestions 아래에 있는 "인사한테 말하기"를 클릭해도 스킬은 실행됩니다.

[화면 7] 시뮬레이터 화면

Column

시뮬레이터가 실행되지 않을 때

"인사한테 말하기"를 클릭해도 "We're sorry, but something went wrong. Please try again."이라고 표시되어 스킬이 실행되지 않는 경우도 있습니다. 그럴 때에는 "Settings"를 클릭해 주세요(화면 1).

[화면 1] "Settings" 클릭

🎤 Try typing or saying "인사한테 말하기"	🔊 ▾	Smart Display ▾	Korean (Korea) ▾	Goog...◉	Settings
Suggestions					
인사한테 말하기				Reset Test	View Stackdriver logs ☑

팝업이 표시되면 Select a version의 메뉴에서 "Current draft"를 선택합니다(화면2).

[화면 2] "Current draft" 선택

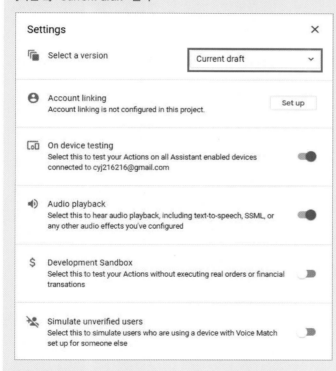

다시 한번 "인사한테 말하기"를 클릭하면 스킬이 실행됩니다.

▶ 스킬 종료하기

"인사한테 말하기"라고 입력하고 스킬이 실행되는 것을 확인했습니다. 하지만 이대로 두면 계속 스킬이 실행된 채로 있게 됩니다. 스킬이 제대로 종료되기 위한 설정을 해 보겠습니다. 종료하기 위해 2-3절의 화면 10에서처럼 EndIntent를 준비해 두었으므로, 이번에는 "종료"라는 단어에 반응하도록 하여 스킬을 종료하게 합니다. EndIntent의 Response 가장 아래에 있는 "Set this intent as end of conversation"을 활성화합니다(화면 8).

[화면 8] "Set this intent as end of conversation" 활성화

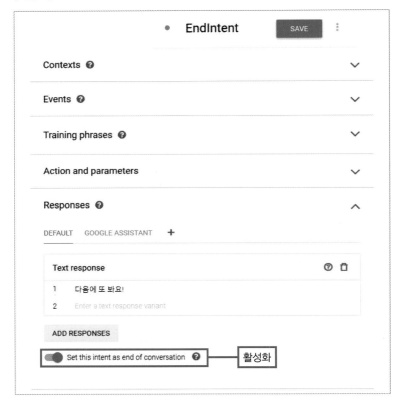

종료에 대응하지 않는 경우에는 계속 스킬이 연결되어 있지만, 종료에 대응한 스킬은 종료를 입력하면 "인사님이 대화에서 나갔습니다"라고 표시됩니다(화면 9).

[화면 9] 위쪽은 종료에 대응하기 전, 아래쪽은 종료에 대응한 후. "대화에서 나갔습니다"라는 표시가 나타난다

Set this intent as end of conversation이 활성화되지 않은 경우에는 "종료"라고 입력해도 대화창에서 나갈 수 없다.

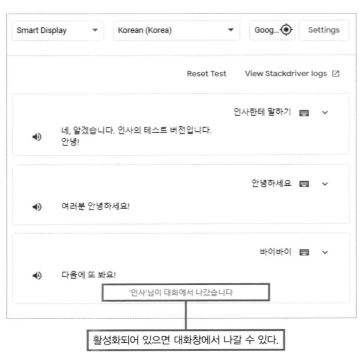

활성화되어 있으면 대화창에서 나갈 수 있다.

2.5 실제 기기에서 테스트하기

만든 스킬을 실제 기기에서 확인해 봅니다. Google Home 앱에 설정되어 있는 Google 계정과 Dialogflow에서 사용한 계정을 통일시켜 줍니다. 2-4절에서 스킬을 배포하지 않는다면 스킬 이름이 겹쳐도 문제는 없다고 설명했습니다. 실제 기기에서 확인하는 경우에도 스킬 이름이 겹쳐 있어도 자신이 직접 만든 스킬이 우선 실행됩니다. 하지만, 실제로 스킬을 신청하는 경우에는 이름이 겹치면 심사가 통과되지 않으므로 수정해야 합니다.

▶ 실제 기기에서 확인하는 방법

아이폰이나 안드로이드 기기에서 Google Home 앱을 다운로드하여 Google Home의 접속 설정을 실행합니다.

지금까지 만든 Google 계정과 Google Home 앱에서 로그인한 계정이 일치하는지 확인합니다 (화면 1). Google Home의 세팅이 끝나면 그대로 Google Home에게 "OK Google! 인사를 연결해 줘"라고 말합니다. 그러면, Google Home이 "네, 인사의 테스트 버전입니다"라고 말한 뒤 "안녕하세요"라고 대답해 줍니다. 그리고 사용자가 "안녕하세요"라고 하면 "여러분 안녕하세요!"라고 대답합니다. Text response의 단어를 변경하면 바로 반영되니 이것 저것 테스트해 보세요.

[화면 1] Google Home 앱 설정 화면

❶ [시작하기] 클릭

❷ 개발 계정 입력

❸ 패스워드

❹ 2단계 인증

Google Home의 응답/음성 출력 이력 확인 방법

Google Assistant 앱이나 Google Home에게 어떤 말을 했는지 말한 이력은 https://myactivity.google.com/myactivity에서 확인할 수 있습니다(화면). 목소리도 녹음되기 때문에 누가 말했는지도 확인할 수 있습니다.

[화면] 응답/음성 출력 이력 확인 가능

2·6 Fulfillment 사용하기

Fulfillment는 Intent가 만든 것을 외부 서버에 전달하는 역할을 합니다. 이번에는 무료 구글 서버인 Firebase(파이어베이스)에 송신하여 외부 서버를 통해 응답 메시지를 변경하는 방법을 설명합니다.

▶ 디플로이 실행하기

디플로이란 프로그래밍한 서버에 파일을 업로드하여 그 프로그램을 실행할 수 있는 상태로 만드는 것입니다. 화면 1의 왼쪽 메뉴에 있는 Fulfillment를 클릭하여 Inline Editor를 활성화합니다. 실수로 위에 있는 Webhook을 활성화하지 않도록 주의합시다.

Webhook(웹훅)이란 외부 서버에 전개된 API나 응용 프로그램에 실시간으로 정보를 제공하는 메커니즘을 말합니다. Webhook을 이용하여 폭 넓은 기능을 가진 스킬을 개발할 수 있습니다.

[화면 1] Fulfillment의 Inline Editor를 DISABLED에서 ENABLED로 체크

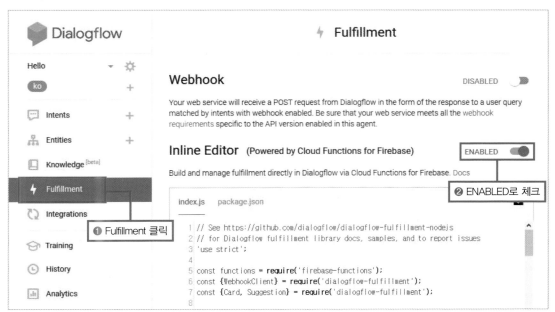

index.js의 16, 17행과 56행을 변경합니다. 16번째 행에서 welcome을 hello로 바꿉니다. 17번째 행에서 Google Home이 대답할 단어를 입력합니다. 이번에는 "Webhook이 인사드립니다"로 했습니다. Webhook을 활성화하면 앞에서 설정한 단어로 대답하게 됩니다.

56번째 행은 Default Welcome Intent였던 것을 HelloIntent로 바꿉니다. 이 부분은 2-3절의 화면 6에서 설정한 Intent의 이름이 들어갑니다.

[index.js]

```
1    // See https://github.com/dialogflow/dialogflow-fulfillment-nodejs
2    // for Dialogflow fulfillment library docs, samples, and to report issues
3    'use strict';
4
5    const functions = require('firebase-functions');
6    const {WebhookClient} = require('dialogflow-fulfillment');
7    const {Card, Suggestion} = require('dialogflow-fulfillment');
8
9    process.env.DEBUG = 'dialogflow:debug'; // enables lib debugging statements
10
11   exports.dialogflowFirebaseFulfillment = functions.https.onRequest((request, response) => {
12       const agent = new WebhookClient({ request, response });
13       console.log('Dialogflow Request headers: ' + JSON.stringify(request.headers));
14       console.log('Dialogflow Request body: ' + JSON.stringify(request.body));
15
16       function hello(agent) {
17           agent.add('Webhook이 인사드립니다!');
18       }
19
20       function fallback(agent) {
21           agent.add('I didn't understand');
22           agent.add('I'm sorry, can you try again?');
23       }
24
25       // // Uncomment and edit to make your own intent handler
26       // // uncomment 'intentMap.set('your intent name here', yourFunctionHandler);'
27       // // below to get this function to be run when a Dialogflow intent is matched
28       // function yourFunctionHandler(agent) {
29       //   agent.add('This message is from Dialogflow's Cloud Functions for Firebase
30       //   editor!'); agent.add(new Card({
31       //       title: 'Title: this is a card title',
32       //       imageUrl: 'https://developers.google.com/actions/images/badges/XPM_
     BADGING_GoogleAssistant_VER.png',
33       //       text: 'This is the body text of a card.  You can even use line\n  breaks
     and emoji! 💁',
```

```
34    //        buttonText: 'This is a button',
35    //        buttonUrl: 'https://assistant.google.com/'
36    //      })
37    //    );
38    //    agent.add(new Suggestion('Quick Reply'));
39    //    agent.add(new Suggestion('Suggestion'));
40    //    agent.setContext({ name: 'weather', lifespan: 2, parameters: { city: 'Rome' }});
41    // }
42
43    // // Uncomment and edit to make your own Google Assistant intent handler
44    // // uncomment 'intentMap.set('your intent name here', googleAssistantHandler);'
45    // // below to get this function to be run when a Dialogflow intent is matched
46    // function googleAssistantHandler(agent) {
47    //   let conv = agent.conv(); // Get Actions on Google library conv instance
48    //   conv.ask('Hello from the Actions on Google client library!') // Use Actions on
      Google library
49    //   agent.add(conv); // Add Actions on Google library responses to your agent's
50    response
51    // }
      // // See https://github.com/dialogflow/fulfillment-actions-library-nodejs
52    // // for a complete Dialogflow fulfillment library Actions on Google client
      library v2 integration sample
53
54    // Run the proper function handler based on the matched Dialogflow intent name
55    let intentMap = new Map();
56    intentMap.set('HelloIntent', hello);
57    intentMap.set('Default Fallback Intent', fallback);
58    // intentMap.set('your intent name here', yourFunctionHandler);
59    // intentMap.set('your intent name here', googleAssistantHandler);
60    agent.handleRequest(intentMap);
61  });
```

package.json의 20행도 0.5.0에서 0.6.1로 변경합니다.

[package.json]

```
1  {
2      "name": "dialogflowFirebaseFulfillment",
3      "description": "This is the default fulfillment for a Dialogflow agents using Cloud
   Functions for Firebase",
4      "version": "0.0.1",
5      "private": true,
6      "license": "Apache Version 2.0",
```

```
 7        "author": "Google Inc.",
 8        "engines": {
 9            "node": "8"
10        },
11        "scripts": {
12            "start": "firebase serve --only functions:dialogflowFirebaseFulfillment",
13            "deploy": "firebase deploy --only functions:dialogflowFirebaseFulfillment"
14        },
15        "dependencies": {
16            "actions-on-google": "^2.2.0",
17            "firebase-admin": "^5.13.1",
18            "firebase-functions": "^2.0.2",
19            "dialogflow": "^0.6.0",
20            "dialogflow-fulfillment": "^0.6.1"
21        }
22    }
```

끝으로 코드 아래 부분의 [DEPLOY] 버튼을 클릭합니다 (화면 2).

[화면 2] [DEPLOY] 버튼 클릭

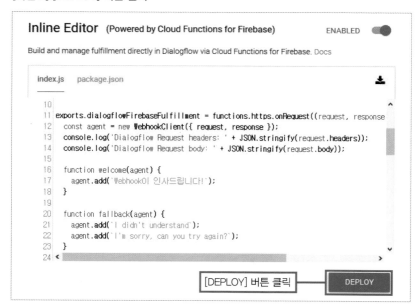

디플로이는 1분 정도 걸립니다. 디플로이가 끝나면 완료된 일시가 표시됩니다(화면 3).

[화면 3] 디플로이가 끝나면 완료 일시가 표시

```
20    function fallback(agent) {
21      agent.add(`I didn't understand`);
22      agent.add(`I'm sorry, can you try again?`);
23    }
24  <
```

View execution logs in the Firebase console | Last deployed on 07/26/2019 17:40 | **DEPLOY**

┌─────────────────────────┐
│ DEPLOY가 끝나면 날짜가 표시 │
└─────────────────────────┘

▶ Webhook(웹훅) 활성화하기

　Webhook(웹훅)이란 Intent에서 대화가 발생할 때 지정된 URL이나 앞서 입력한 프로그램이 저장된 서버에 POST 리퀘스트를 요청하는 것입니다. 간단히 말해 대화에서 얻은 정보를 서버에 전달하여 서버의 응답을 받는 것이라고 생각하면 됩니다. 웹훅을 실행했을 때의 장점은 서버에 요청을 보내 사원 명부를 취득하여 결과를 알려 주는 스킬을 개발할 수 있고, 술집에서 계산할 때 사람 수와 합계 금액을 전달해서 더치페이 금액을 계산하는 스킬을 개발할 수 있습니다. 이처럼 웹훅을 사용하는 것으로 보다 복잡한 처리를 실행할 수 있습니다.

　HelloIntent의 웹훅을 활성화합니다. 화면 4에서처럼 Intents를 클릭하여 HelloIntent를 선택합니다.

[화면 4] HelloIntent 선택

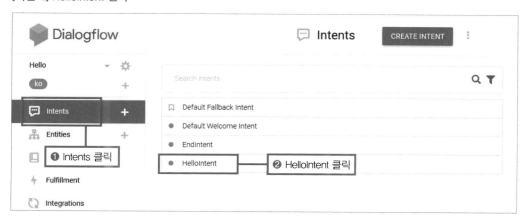

화면 5에서처럼 맨 아래의 Fulfillment 항목을 펼쳐서 "Enable webhook call for this intent"를 활성화합니다. 윗부분의 항목만 체크합니다. 체크한 뒤에 오른쪽 위의 [SAVE] 버튼을 클릭합니다.

[화면 5] "Enable webhook call for this intent" 활성화

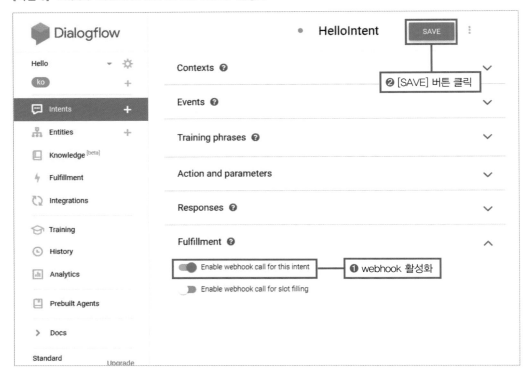

테스트에서 "안녕하세요"를 입력하고 엔터키를 누르면 지금까지는 "안녕하세요"라고 대답한 것이 "Webhook이 인사드립니다"로 바뀌게 됩니다(화면 6).

[화면 6] Webhook 적용 전과 후. 응답 메시지가 바뀐다

[SAVE] 버튼을 클릭하고 반영이 될 때까지

Intent에서 변경을 할 때 반드시 [SAVE] 버튼을 클릭해야 하지만, 클릭한 뒤에 실제로 반영될 때까지는 시간이 걸립니다. 그래서 반영되기 전에 실행하여 개발 중에 "음? 변경했는데?"라는 상황이 나타날 수도 있습니다. 반영됐는지 확인하려면 Dialogflow 화면 오른쪽 위의 버튼이 [DONE]으로 바뀌었는지 확인합니다. [SAVE] 버튼을 클릭하면 버튼 텍스트가 [WORKING]으로 잠시 바뀐 뒤, 완료가 되면 [DONE]으로 바뀝니다(화면). [DONE]으로 바뀌지 않은 채로 Try it now로 테스트를 하거나 시뮬레이터에서 확인하면 변경된 부분은 반영이 되지 않습니다. 반드시 버튼의 상태가 바뀌는 것을 확인하고 테스트를 진행하도록 합니다.

[화면] 버튼이 바뀌기를 기다린다

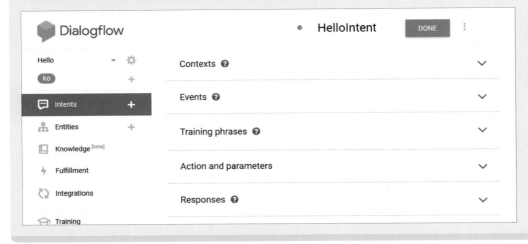

Chapter 03

Amazon Echo
스킬 만들기

이번 장에서는 Amazon Echo(아마존 에코)용 스킬을 만들어 보겠습니다. Google Home과는 다른 개발 툴을 사용하지만 기본적인 개념은 동일합니다. Amazon Echo도 시뮬레이터가 잘 만들어져 있기 때문에 실제 기기가 없어도 구현해 보는 데 문제 없습니다. 스킬의 개발은 Alexa Skills Kit(알렉사 스킬즈 킷)이라고 하는 개발 툴을 사용해서 진행하며 AWS(아마존 웹 서비스)라는 서버리스 환경도 사용합니다. 지금부터 사용 방법을 설명하겠습니다.

3·1 Alexa Skills Kit(알렉사 스킬즈 킷) 이란

Alexa Skills Kit(알렉사 스킬즈 킷)이란 Google Home에서 말하는 Dialogflow 같은 개발 툴입니다. 편리한 기능이나 문서, 개발에 필요한 프로그램을 누구나 간단하게 사용할 수 있도록 되어 있습니다. Alexa Skills Kit에는 세 종류의 스킬 타입이 준비되어 있습니다. 순서대로 설명하도록 하겠습니다.

▶ 스킬 타입

스킬 타입은 커스텀 스킬, 플래시 브리핑 스킬, 스마트 홈 스킬 세 종류로 개발이 가능합니다.

1) 커스텀 스킬

이름대로 자유롭게 처음부터 끝까지 오리지날 스킬을 만들 수 있는 타입입니다. 운세 스킬을 개발하거나, 버스 시간표 서비스와 연동하거나 궁금한 버스 정차 시간표를 확인하는 스킬을 개발할 수 있습니다. 본 책에서는 이 커스텀 스킬을 사용한 스킬 개발을 설명합니다.

2) 플래시 브리핑 스킬

뉴스 배포 서비스용 스킬을 개발할 수 있습니다. 음성 콘텐츠나 텍스트를 읽어 주며 배포합니다. 이미 100개 이상의 뉴스가 배포되었으며 뉴스 소스는 RSS에서 가져옵니다. 뉴스 계열 배포 서비스 스킬을 작성하는 경우에 이 스킬 타입으로 개발합니다.

3) 스마트 홈 스킬

스마트 홈에 특화된 스킬을 개발할 수 있습니다. 스위치의 on/off나 설정의 수치, 에어컨 온도 조절이나 각 가전기기의 인증 제어 기능이 포함되어 있습니다. 이 스킬로 간단하게 스마트 홈 시스템을 개발할 수 있습니다.

▶ 커스텀 스킬에서 사용되는 용어

커스텀 스킬에는 다양한 용어가 자주 나타납니다. 4가지 개념을 순서에 따라 설명하겠습니다.

1) 인텐트

Google Home을 개발할 때 동일한 용어가 사용되었으며 개요도 같습니다. 인텐트는 사용자가 말한 의도를 정의한 것입니다. 예를 들어 "안녕"이라는 말의 의도를 "HelloIntent"라는 이름으로 정의하고 이 HelloIntent를 서버로 전송하면, 서버에 구축된 프로그램이 HelloIntent가 보낸 것을 인식하여 처리를 진행합니다.

2) 슬롯

슬롯은 Dialogflow에서의 Entity와 같은 것으로, 인텐트에 전달되는 인수의 역할을 합니다. "종료"라는 용어 하나에 대해서도 사용자에게 있어서는 "바이바이", "다음에 봐", "끝", "그만", "멈춰줘"라는 여러 가지 표현이 존재합니다. 그런 다양한 표현을 커버하기 위한 기능으로, 다양한 표현을 등록해 놓고 기계 학습을 시킵니다. 그러고 나서 등록된 표현 중 어떠한 표현이 전달되어도 "종료"를 반환하도록 합니다. 이 외에도, 같은 의미라도 다르게 말하는 표현에 대응하기 위해 각 표현에 대해서 슬롯의 기능을 이용하여, 바꿔 말할 수 있는 표현을 등록해 둠으로써 같은 표현으로 인식하게 할 수 있습니다.

3) 샘플 표현

샘플 표현이란 인텐트를 호출하기 위한 문구를 말합니다. 하나의 인텐트에 복수의 문구를 등록할 수 있습니다. 최소 세 개를 등록해 두면 가장 가까운 인텐트가 호출됩니다. 하나의 인텐트에 적어도 30개 이상의 문구를 등록하면 보다 정확하게 해당 인텐트가 호출되며, 최대 1,500개까지 등록할 수 있습니다.

4) 엔드포인트

엔드포인트란 전달받은 인텐트를 서버에 보내거나 리퀘스트를 처리하는 것으로, 처리를 받아 응답을 돌려줄 수 있습니다. 이 책에서는 엔드포인트로 AWS의 Lambda(람다)라고 하는 서비스를 사용합니다. Lambda에 대해서는 뒤에서 설명하겠습니다.

▶ 인텐트의 리퀘스트 타입

Alexa는 인텐트에서 보내 오는 리퀘스트에 세 가지 타입이 존재합니다. 이것들은 서버에서 구현하는 프로그램에 필요한 용어입니다.

1) LaunchRequest

LaunchRequest란 사용자가 스킬을 처음 호출할 때 전송됩니다. 예를 들어, "알렉사, ~를 열어 줘"라고 했을 때 처음에 Alexa가 대답하는 말입니다. "어서 오세요!"라고 말한 다음에 사용자가 어떤 행동을 해야 할지 알 수 있도록 응답해 주어야 합니다. 한 예로, 운세 스킬의 경우 "운세의 관에 어서 오세요! 당신의 생년월일을 알려 주세요!"라고 하면 자연스럽게 사용자가 생년월일을 대답할 수 있을 것입니다. "~하겠습니다. 괜찮으신가요?"처럼 사용자가 "예"와 "아니오"라는 대답만 할 수 있는 응답이 아닌, 대화의 주도권을 가지고 사용자를 컨트롤할 수 있는 응답을 생각합시다.

2) IntentRequest

인텐트의 샘플 표현에서 설정한 프레이즈와 일치한 경우에 전송됩니다. IntentRequest가 서버에 도착하면 어떤 이름의 인텐트인지에 따라 처리를 나눌 수 있습니다.

서버에서 처리하는 프로그램은 "IntentRequest"일 경우에 어떤 인텐트명인지 체크하여 대상을 처리합니다. 인텐트명에 따라 처리를 나누기 때문에 Alexa에게 있어 인텐트명은 매우 중요합니다.

3) SessionEndedRequest

예상치 못한 에러로 스킬이 종료되거나 사용자가 응답하지 않는 경우, 사용자가 "종료해 줘"라고 말한 경우에 SessionEndedRequest가 호출됩니다. 서버의 프로그램에서 이 처리를 서포트해 두지 않으면 스킬이 올바르게 종료되지 못하고 끝나기 때문에 반드시 서포트하도록 합니다.

3·2 Amazon Developer 계정 생성과 등록

Amazon Echo 스킬을 개발하기 위해서는 Alexa Skills Kit 개발 툴을 사용합니다. 개발을 위해 개발 계정을 등록해야 하며, 일반적으로 Amazon 쇼핑 계정으로도 등록할 수 있습니다. 개인적으로 사용하는 계정을 쓰고 싶지 않으면 새로 계정을 생성해도 됩니다.

▶ Amazon 계정 신규 생성

Amazon 계정을 새로 생성하려면 https://www.amazon.com에 접속하여 순서에 따라 계정을 만들면 됩니다. 이미 계정이 있다면 이 단계는 건너뛰어도 됩니다.

▶ Amazon Developer 등록

https://developer.amazon.com에 접속합니다. Developer Console을 클릭하여 Amazon 계정으로 로그인 합니다(화면 1). 새로 계정을 만든 분은 화면 1에서처럼 새로 만든 계정과 비밀번호를 입력합니다.

[화면 1] Amazon Developer 로그인 화면

amazon Developer

Sign-In

Email (phone for mobile accounts)

Password   Forgot your password?

Sign-In

By continuing, you agree to Amazon's Conditions of Use and Privacy Notice.

New to Amazon Developer?

Create your Amazon Developer account ── 여기에서 신규 등록을 하지 않도록 한다

프로필 정보에서 Country / Region을 South Korea로 선택합니다(화면 2). 스킬을 배포할 때 표시되는 Developer name or company name은 나중에 수정할 수 없으므로 신중하게 결정합니다.

[화면 2] 프로필 정보 화면

Amazon Developer Services는 이용 규약이므로 [Accept and Continue] 버튼을 클릭합니다(화면 3).

[화면 3] 이용 규약

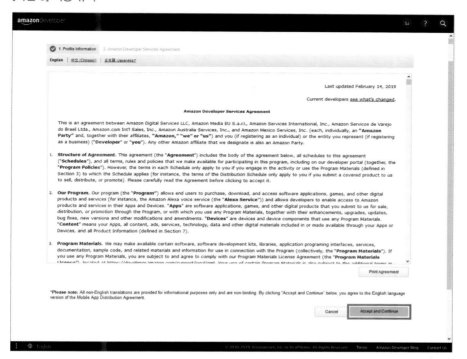

지불 정보 관련 내용은 [Later]를 클릭합니다(화면 4).

[화면 4] 지불 정보 화면

등록이 완료되면 화면 5로 이동합니다. "Alexa Skills Kit"을 클릭합니다. 이렇게 해서 계정 등록에 관한 설정이 끝이 납니다. 다음 절에서는 실제로 스킬을 만들어 보겠습니다.

[화면 5] "Alexa Skills Kit" 클릭

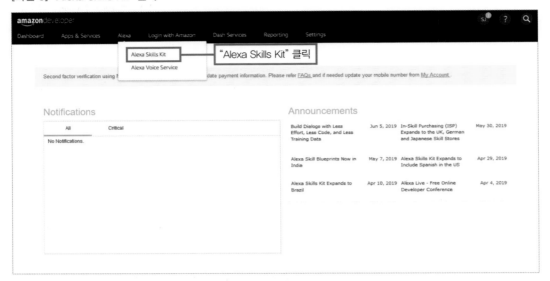

3-3 인사 스킬 만들기
– Amazon Echo편

이제부터 실제로 스킬을 만들어 보겠습니다. Alexa Skills Kit을 다뤄 보면서 간단한 스킬을 만들어 봅니다.*

▶ Alexa Skills Kit으로 스킬 만들기

https://developer.amazon.com/alexa-skills-kit에 접속합니다. 화면 이동 후 [Console] 버튼을 클릭합니다(화면 1).

[화면 1] [Console] 버튼 클릭

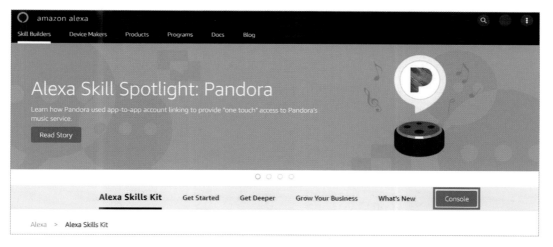

---

* Amazon Echo 및 Alexa Skills Kit은 한글을 지원하지 않아 이 책에서 진행하는 스킬의 이름이나 사용자의 호출 문장, 스피커의 발화 내용 등은 모두 영어로 기재했습니다.

스킬을 새로 만들어야 하므로 화면 2의 오른쪽에 있는 [Create Skill] 버튼을 클릭합니다.

[화면 2] [Create Skill] 버튼 클릭

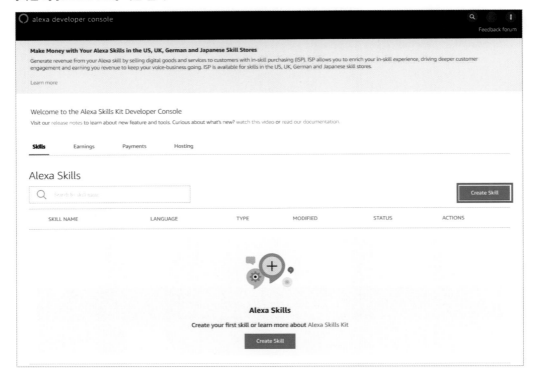

신규 스킬을 만드는 화면으로 이동하면 이제부터 만들 스킬 프로젝트명을 입력합니다(화면 3). 이번에는 인사 스킬이므로 "greet"을 입력하고 언어의 기본값은 "English(US)"를 선택합니다.* 스킬에 추가하는 모델은 "Custom"을 선택합니다. 설정을 마치면 [Create skill] 버튼을 클릭합니다. [Create skill] 버튼을 클릭하면 템플릿 선택 화면이 나오는데 기본적으로 선택된 "Start from scratch"를 선택하고 오른쪽 위의 [Choose] 버튼을 클릭합니다.

[화면 3] "greet" 입력 → "English(US)" 선택 → "Custom" 선택 → [Create skill] 버튼 클릭 → "Start from scratch" 선택 → [Choose] 버튼 클릭

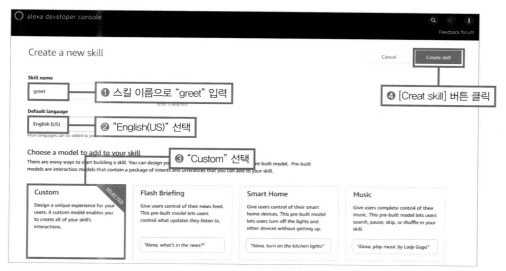

----
* **(역주)** 현재 한국어를 지원하지 않으므로 영어로 진행

화면이 이동하고 스킬 작성 첫 페이지가 표시됩니다(화면 4). 화면 오른쪽에 있는 스킬 빌더 체크리스트에 따라 순서대로 각 단계를 완료해 나갑니다.

[화면 4] 스킬 작성 첫 페이지. 오른쪽의 스킬 빌더 체크리스트의 각 단계를 완료해 나간다

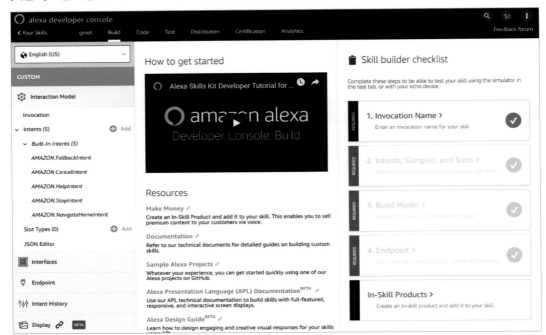

▶ 호출명 설정

첫 번째 단계에서 호출명을 지정합니다(화면 5). 호출명이란 "알렉사 ~를 열어 줘"의 ~ 부분을 말합니다. 이번에는 이 스킬을 배포하지 않기 때문에 크게 고려하지 않아도 되지만 실제로 전 세계에 배포하는 경우에는 이 스킬명이 다른 스킬명과 겹치지 않도록 해야 합니다. "1. Invocation Name〉"을 클릭합니다.

[화면 5] "1. Invocation Name〉"을 클릭

호출명(Skill Invocation Name)을 입력합니다(화면 6). 이번에는 인사 스킬을 만드므로 호출명으로 "greet"을 입력합니다. 입력을 마치면 [Save Model] 버튼을 클릭합니다. 모델 저장이 끝나면 왼쪽 메뉴에 있는 [CUSTOM] 버튼을 클릭하여 이전 화면으로 돌아갑니다.

[화면 6] 호출명 입력

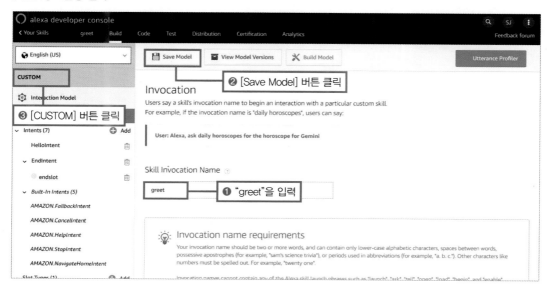

▶ 커스텀 인텐트 만들기

다음 단계로 "2. Intents, Samples, and Slots〉"을 클릭합니다(화면 7).

[화면 7] "2. Intents, Samples, and Slots〉" 클릭

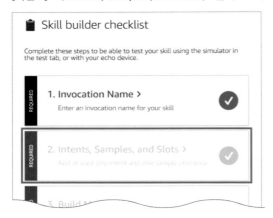

커스텀 인텐트를 클릭합니다(화면 8). 커스텀 인텐트는 독자적인 인텐트를 처음부터 만들 수 있습니다. 그 아래에 있는 빌트인 인텐트는 Alexa에 준비되어 있는 정지, 취소, 도움말 등 일반적으로 사용되는 인텐트를 말합니다. 이번에는 독자적인 발화에 반응하는 인텐트이므로 커스텀 인텐트를 만듭니다.

[화면 8] "HelloIntent" 입력 후 커스텀 인텐트를 작성

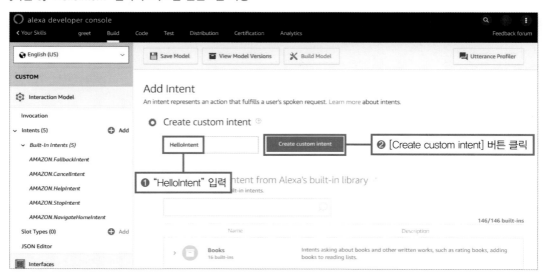

커스텀 인텐트를 만들면 샘플 표현 등록 화면으로 이동합니다(화면 9). 샘플 표현이란 인텐트를 반응시키기 위해 사용자가 말하는 문구를 말합니다. 많은 종류의 문구를 등록하면 Alexa가 비슷한 표현의 변화를 감지하여, 모든 표현을 등록하지 않아도 비슷한 표현으로 등록되어 있는 인텐트를 실행합니다.

샘플 표현(Sample Utterances)에 "Hello"를 입력한 뒤 엔터키를 눌러 확정합니다. [Save Model] 버튼을 클릭한 뒤 왼쪽 메뉴에 있는 [CUSTOM] 버튼을 클릭하여 이전 화면으로 돌아갑니다.

[화면 9] 샘플 표현 등록

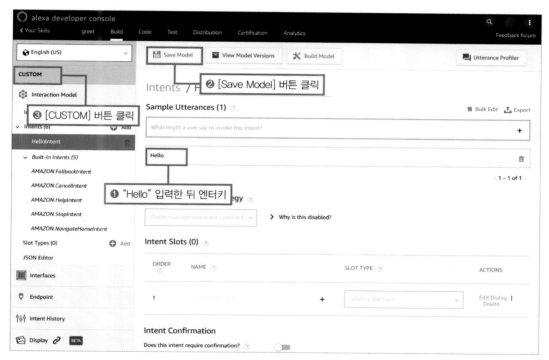

▶ 모델 빌드

모델을 빌드합니다(화면 10). 빌드란 지금까지 만든 인텐트를 Alexa가 사용할 수 있게 하는 작업입니다. 무언가 수정을 하고 나면 반드시 빌드를 해야 합니다. 빌드를 하지 않으면 수정하기 전의 상태로 동작하기 때문에 뜻하지 않은 에러가 발생하거나 원하는 대로 동작하지 않을 수 있습니다. 빌드는 간단합니다. "3. Build Model ⟩"을 클릭하고 1분 정도 지나면 빌드가 완료됩니다.

[화면 10] 모델 빌드

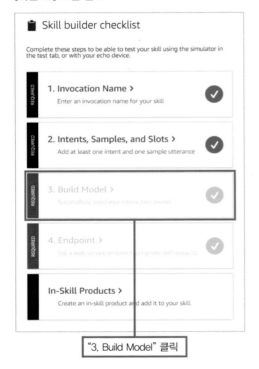

"3. Build Model" 클릭

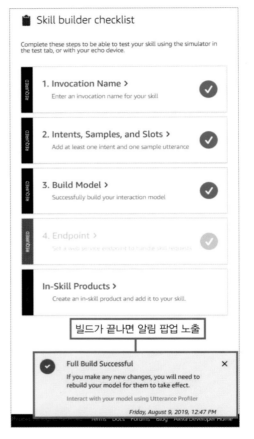

빌드가 끝나면 알림 팝업 노출

▶ 엔드포인트 설정

끝으로 엔드포인트를 설정합니다(화면 11). 엔드포인트란 Alexa와 별도 서버로 구축한 처리 부분의 연결을 지정하는 것입니다. 이 설정을 하면 스킬이 리퀘스트를 처리할 수 있습니다. "4. Endpoint〉"를 클릭합니다.

[화면 11] "4. Endpoint" 클릭

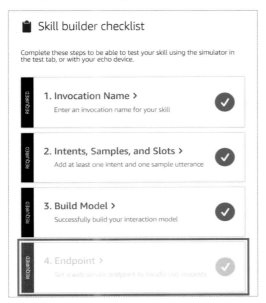

엔드포인트 설정 화면으로 이동하면, 화면 중앙의 "Service Endpoint Type"에 있는 "AWS Lambda ARN"을 클릭합니다(화면 12).

[화면 12] AWS Lambda ARN 선택

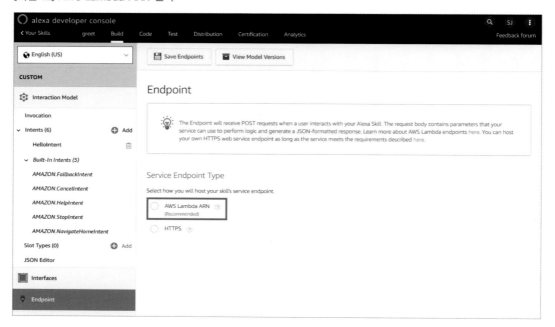

선택하면 스킬 ID가 표시됩니다(화면 13). 표시된 "amzn1"로 시작하는 스킬 ID는 나중에 사용하므로 텍스트 파일 등으로 따로 보관해 둡니다. [Save Endpoints] 버튼을 클릭하여 저장합니다.

[화면 13] 스킬 ID는 따로 보관

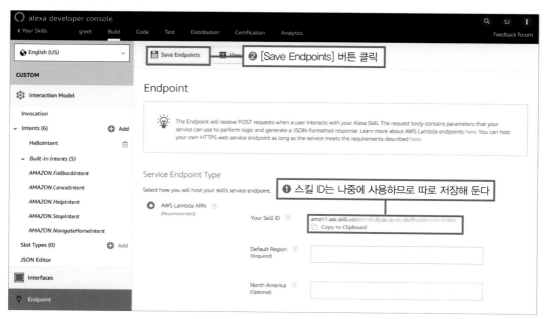

▶ SLOT(슬롯) 생성

3-1절에서 언급했지만 다시 한 번 SLOT(슬롯)에 대해 설명하겠습니다.

Google Home에서 사용한 Entity 개념이 Alexa에도 있는데, SLOT을 Entity와 같은 기능이라고 생각하면 됩니다. "종료"라는 표현을 다른 표현으로도 커버할 수 있게 등록하는 것입니다. Alexa도 종료라고 말하지 않으면 스킬이 종료되지 않습니다. 화면 14처럼 왼쪽 메뉴에 있는 슬롯 타입의 [+Add] 버튼을 클릭합니다.

[화면 14] 슬롯 타입의 [+Add] 버튼 클릭

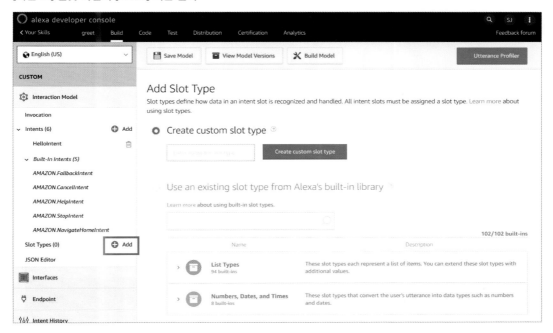

슬롯 이름을 "Endslot"이라고 입력합니다(화면 15).

[화면 15] "Endslot" 입력 후 [Create custom slot type] 버튼 클릭

Endslot에 종료의 다른 표현들을 여러 개 등록합니다. 화면 16에 표시된 표현들 외에도 생각할 수 있는 여러 패턴의 문구를 등록합니다. 등록이 끝나면 [Save Model] 버튼을 클릭합니다.

[화면 16] 종료의 다른 표현을 등록

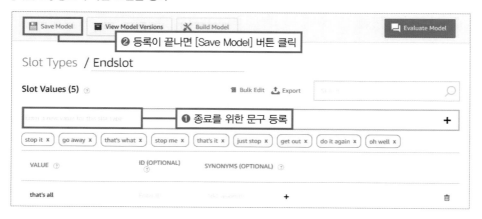

▶ 종료 인텐트 생성

모델을 저장하면 슬롯 타입이 추가됩니다(화면 17). 이어서 종료하는 인텐트를 생성합니다. 왼쪽 메뉴의 인텐트에서 [+Add] 버튼을 클릭합니다.

[화면 17] 인텐트 항목의 [+Add] 버튼 클릭

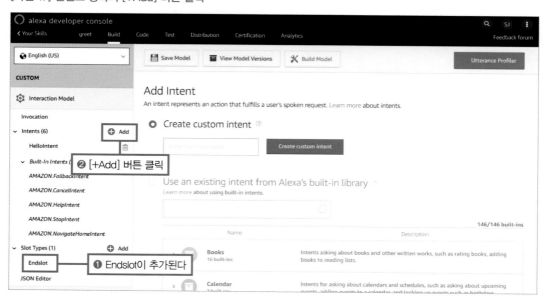

커스텀 인텐트 생성 항목에 "EndIntent"라고 입력합니다(화면 18). 입력한 뒤에 [Create custom intent] 버튼을 클릭합니다.

[화면 18] "EndIntent" 입력 후 [Create custom intent] 버튼 클릭

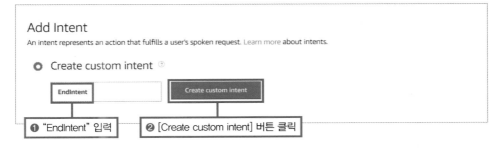

인텐트 생성 화면이 표시됩니다(화면 19).

[화면 19] 인텐트 생성 화면

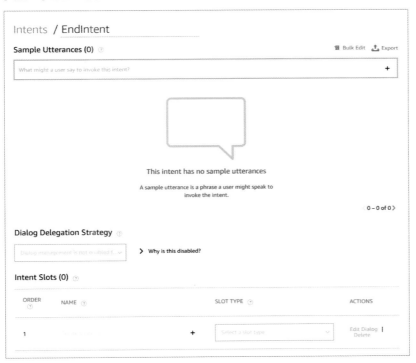

화면 20에서처럼 인텐트 슬롯 항목에 이름을 "endslot"라고 입력하고 옆에 있는 [+] 버튼을 클릭합니다.

[화면 20] "endslot" 입력 후 [+] 버튼 클릭

화면 21에서 오른쪽에 있는 슬롯 타입에 이전에 만든 "Endslot"을 메뉴에서 선택합니다.

[화면 21] 슬롯 타입에서 "Endslot"을 메뉴에서 선택

화면 22와 같이 되면 OK입니다.

[화면 22] 인텐트 슬롯 설정

화면 23의 샘플 발화(Sample Utterances)에 "{" 대괄호를 입력하면 기존 슬롯 선택(Select an Existing Slot)이 표시됩니다. 표시된 부분에서 "endslot"을 선택하고 오른쪽에 있는 [+] 버튼을 클릭합니다.

[화면 23] 샘플 발화(Sample Utterances)의 기존 슬롯 선택에서 "endslot"을 선택하고 [+] 버튼 클릭

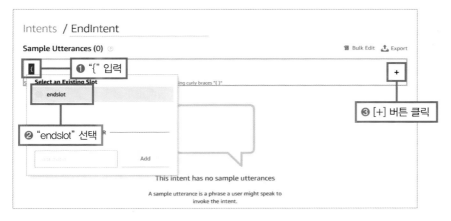

끝으로 [Save Model] 버튼을 클릭합니다(화면 24).

[화면 24] [Save Model] 버튼 클릭

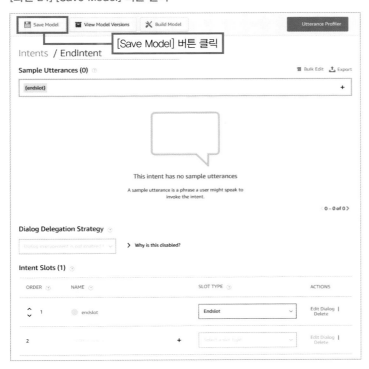

다음 절에서는 지금까지 만든 인텐트를 수신하는 쪽인 서버 처리 프로그래밍 단계로 넘어갑니다.

3
4 Lambda(람다)의 사용

3-3절에서 만든 커스텀 인텐트인 HelloIntent를 수신하는 쪽의 서버 프로그램을 시작하겠습니다. 여기서는 Lambda(람다)라는 것을 사용합니다. 프로그래밍이라고 하면 어렵다고 생각할 수도 있지만 내용은 매우 간단합니다.

▶ Lambda(람다)란

Amazon에는 AWS(아마존 웹 서비스)라고 하는 클라우드 서비스가 있습니다. AWS에는 많은 기능이 있는데 이 책에서 모든 기능을 설명할 수는 없습니다. 이번에 다루는 내용은 AWS 중에서 Lambda(람다)라는 기능입니다. Lambda를 사용하면 서버의 귀찮은 설정이나 관리 없이 클라우드를 통해 프로그램을 실행할 수 있습니다. 100만 리퀘스트(1번 접속 시 1 리퀘스트)까지 무료로 사용할 수 있으니 개인적으로 사용하기에는 무료 플랜으로도 충분할 것입니다. 100만이 초과하더라도 다음 100만 리퀘스트까지 0.2달러이기 때문에 거의 과금이 발생하지 않습니다. 3-3절에서 만든 인텐트를 수신하기 위해 Lambda를 사용하여 프로그래밍을 해 보겠습니다.

▶ AWS에 로그인

AWS에 로그인합니다. 다음 주소로 접속합니다(https://aws.amazon.com/ko/). 오른쪽 위의 "내 계정"에서 "AWS Management Console"을 클릭합니다(화면 1).

[화면 1] "AWS Management Console" 클릭

AWS 계정 ID를 입력합니다(화면 2). AWS 계정이 아직 없다면 https://portal.aws.amazon.com/billing/signup#/start에서 순서에 따라 등록하면 됩니다. AWS는 반드시 신용카드를 등록해야 하는데, 무료 플랜을 초과하지 않는 한 과금이 되지는 않습니다.

[화면 2] AWS 계정 ID 입력

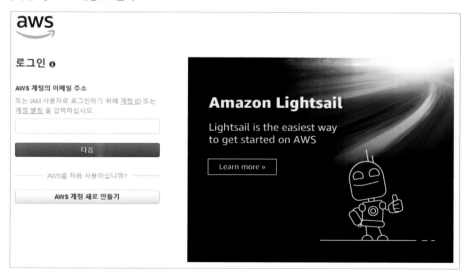

이어서 비밀번호를 입력합니다(화면 3).

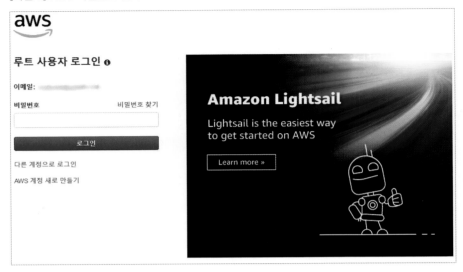

▶ Lambda 신규 생성

AWS에 로그인 후 지역을 "서울"로 설정합니다(화면 4). 먼 나라로 설정하면 서버 응답에 시간이 걸릴 수도 있으므로 물리적으로 거리가 가까운 지역을 선택합니다.

[화면 4] "서울" 선택

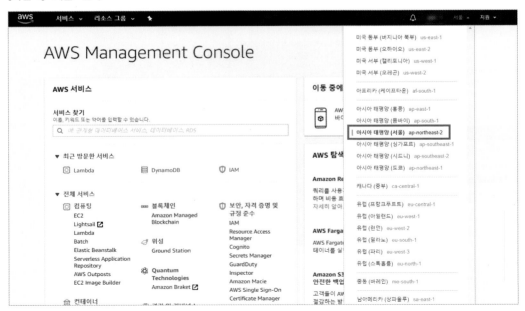

위의 검색 박스에서 Lambda를 입력 후 클릭하세요(화면 5).

[화면 5] Lambda를 검색 후 클릭

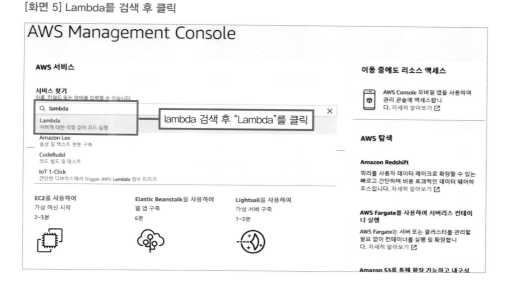

화면 6에서 [함수 생성] 버튼을 클릭합니다.

[화면 6] [함수 생성] 버튼을 클릭

화면 7에서처럼 "새로 작성"을 선택합니다.

[화면 7] "새로 작성" 선택

화면 8에서 함수 이름에 "HelloAlexa"를 입력하고, 권한 아래의 실행 역할 선택 또는 생성을 클릭하여 메뉴를 펼친 뒤 실행 역할 메뉴에서 "AWS 정책 템플릿에서 새 역할 생성"을 선택합니다. 역할 이름은 원하는 이름으로 하면 됩니다. 이번에는 "myAlexaRole"이라고 하겠습니다.

[화면 8] 이름 입력 및 역할 선택과 역할 이름 입력

정책 템플릿은 "단순 마이크로서비스 권한"을 선택합니다(화면 9). 단순 마이크로서비스 권한이란 AWS의 CloudWatch라는 로그를 확인할 수 있는 서비스로, 이 로그 서비스에 접속하기 위한 권한이 부여됩니다. 권한을 부여받음으로써 사용자의 정보를 영구적으로 저장할 수 있는 스킬을 개발할 수 있게 됩니다. 예를 들면, 운세를 보는 스킬에서 첫 번째에 사용자의 별자리를 물어보고 그 정보를 영구적으로 저장하여 두 번째 작동할 때는 데이터베이스에 저장된 정보를 가져와 사용자에게 다시 물어보지 않아도 이용할 수 있게 하는 원리입니다.

[화면 9] "단순 마이크로서비스 권한" 선택

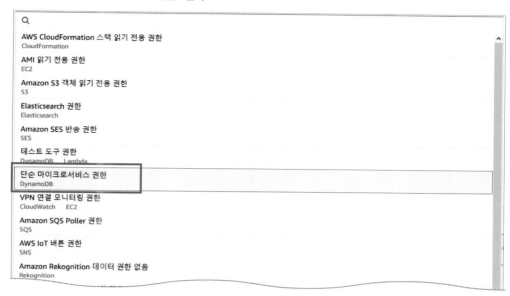

화면 10처럼 나오면 됩니다. 확인한 뒤에 오른쪽 아래의 [함수 생성] 버튼을 클릭합니다.

[화면 10] [함수 생성] 버튼 클릭

함수를 생성하면 화면 11과 같은 화면이 나타납니다.

[화면 11] 함수 생성 후의 화면

▶ 트리거 추가

Lambda는 여러 가지 서비스에 접속하여 만든 프로그램을 호출할 수 있습니다. 트리거는 생성한 함수로 어떤 서비스를 호출할 것인지를 지정합니다. 이번에는 Alexa에서 호출하므로 "Alexa Skills kit"을 선택합니다(화면 12).

[화면 12] 왼쪽의 트리거 추가 버튼 클릭 후 트리거 구성 화면에서 "Alexa Skills Kit"을 선택

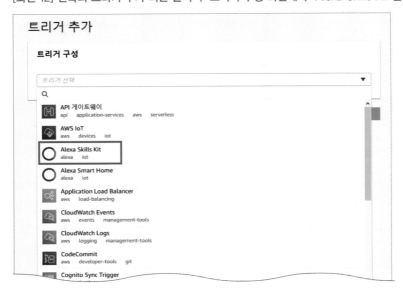

"Alexa Skills Kit"을 클릭하면 트리거 구성을 진행하게 됩니다. 3-3절의 화면 13에서 메모해 둔 스킬 ID를 복사하여 텍스트 입력창에 붙여 넣고 [추가] 버튼을 클릭합니다(화면 13).

[화면 13] 트리거 구성

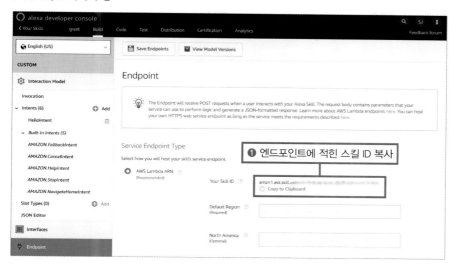

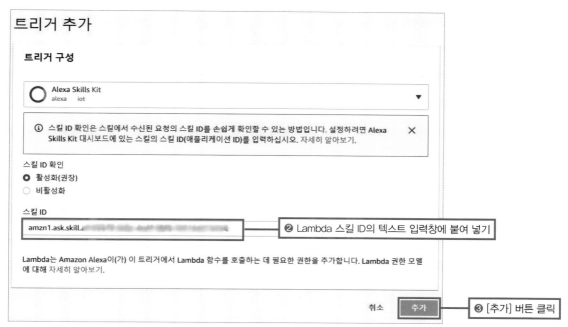

Lambda 아이콘이 있는 "HelloAlexa"를 클릭합니다(화면 14).

[화면 14] "HelloAlexa" 클릭

▼ Designer

🗝

         λ   HelloAlexa

         ≋   Layers   (0)

◯ **Alexa Skills Kit**   ×   ☁ Amazon CloudWatch Logs

    + 트리거 추가   ▤ Amazon DynamoDB

                                함수의 역할이 액세스할 수 있는 리소스가 여기에 나타납니다.

화면 15처럼 함수 코드의 코드 입력 유형 메뉴에서 ".zip 파일 업로드"를 선택합니다.

[화면 15] ".zip 파일 업로드" 선택

함수 코드 정보

코드 입력 유형   런타임   핸들러 정보

.zip 파일 업로드   ▼   Node.js 10.x   ▼   index.handler

코드 인라인 편집

.zip 파일 업로드

Amazon S3에서 파일 업로드   로드를 고려하십시오.

화면 16처럼 함수 패키지에 있는 [업로드] 버튼을 클릭하고 이 책의 다운로드 페이지에서 다운로드해 둔 Alexa/alexa-hello.zip 파일을 선택합니다. 끝으로 [저장] 버튼을 클릭합니다.

[화면 16] alexa-hello.zip 파일을 업로드하고 [저장] 버튼을 클릭

화면 17에서처럼 arn으로 시작하는 값을 복사하여 Alexa Skills Kit의 엔드포인트에 있는 Default Region 부분의 텍스트 입력창에 붙여 넣습니다. 복사하는 부분은 "arn:aws:lambda: ap-northeast1:XXXXXXXXXXXX:function:HelloAlexa"입니다. 붙여 넣기가 끝나면 [Save Endpoints] 버튼을 클릭합니다.

[화면 17] arn으로 시작하는 값을 복사하여 붙여 넣은 뒤 [Save Endpoints] 버튼 클릭

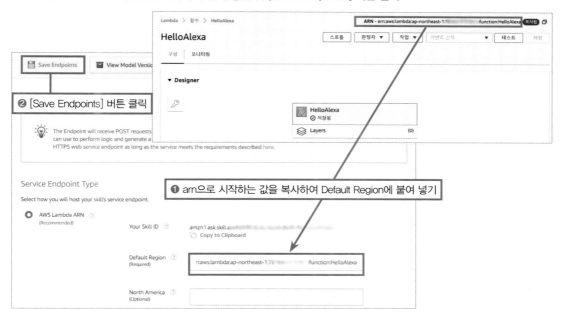

▶ 프로그램 설명

Lambda에 업로드한 함수 코드를 설명하겠습니다. HelloAlexa 함수 코드에 있는 index.js를 열어 주세요(화면 18).

[화면 18] index.js 열기

인텐트의 리퀘스트 타입의 종류에 따라 처리가 바뀝니다. 리퀘스트 타입은 3-1절에서 자세하게 설명하였으니 참고해 주세요.

[index.js]

```
 5    // 실행할 때 호출
 6    const LaunchRequestHandler = {
 7        canHandle(handlerInput) {
 8            return handlerInput.requestEnvelope.request.type === 'LaunchRequest';
 9        },
10        handle(handlerInput) {
11            const speechText = 'Welcome to Alexa';
12
13            return handlerInput.responseBuilder
14              .speak(speechText)
15              .reprompt(speechText)
16              .getResponse();
17        }
18    };
```

8행

"requestEnvelope.request.type"의 값이 인텐트의 리퀘스트 타입인 "LaunchRequest"인지 확인합니다. "LaunchRequest"면 동작이 시작될 때이므로 바로 아래의 10행에 작성한 handle 부분이 실행됩니다.

13행

"handlerInput.responseBuilder"에서 Alexa에게 대답하는 메시지를 설정합니다.

14행

speak에 응답 메시지를 입력합니다. 응답 메시지를 변경하고 싶으면 이 부분에 원하는 대로 입력합니다.

15행

reprompt에 8초가 지나도 사용자가 응답이 없으면 Alexa가 다시 말할 내용을 기술합니다. reprompt를 기술하지 않으면 스킬이 종료되기 때문에 잊지 말고 기술합니다.

[index.js]

```
21    const HelloHandler = {
22        canHandle(handlerInput) {
23            return handlerInput.requestEnvelope.request.type === 'IntentRequest'
24              && handlerInput.requestEnvelope.request.intent.name === 'HelloIntent';
```

```
25        },
26        handle(handlerInput) {
27            const speechText = 'Hello Everyone!';
28
29            return handlerInput.responseBuilder
30              .speak(speechText)
31              .reprompt(speechText)
32              .getResponse();
33        }
34    };
```

23행

"requestEnvelope.request.type"의 값이 "IntentRequest"인지 확인합니다.

24행

"requestEnvelope.request.intent.name"의 값이 인텐트 이름인 "HelloIntent"인지 확인합니다. 조건이 일치
하면 26행 이후가 실행됩니다. "Hello"라는 말은 HelloIntent의 샘플 발화로 등록되어 있으므로 HelloIntent 값
을 받습니다. 다음은 동작이 시작할 때와 같이 speak와 reprompt의 단어를 설정해 주면 동작합니다.

[index.js]

```
37    const SessionEndedRequestHandler = {
38        canHandle(handlerInput) {
39            return handlerInput.requestEnvelope.request.type === 'SessionEndedRequest';
40        },
41        handle(handlerInput) {
42            return handlerInput.responseBuilder.getResponse();
43        }
44    };
```

37~44행

3-1절에서 설명한 "SessionEndedRequest"라는 값을 받을 때의 내용을 작성하며, 이것으로 스킬이 정상적
으로 종료될 수 있습니다.

```
47    const EndHandler = {
48       canHandle(handlerInput) {
49          return handlerInput.requestEnvelope.request.type === 'IntentRequest'
50             && (handlerInput.requestEnvelope.request.intent.name === 'EndIntent' ||
51                handlerInput.requestEnvelope.request.intent.name === 'AMAZON.
      StopIntent');
52       },
53       handle(handlerInput) {
54          const speechText = 'Bye! See you Soon!';
55
56          return handlerInput.responseBuilder
57             .speak(speechText) /* reprompt가 없으므로 대화를 종료 */
58             .getResponse();
59       }
60    };
```

47~60행

Endslot에서 정의한 단어 중에서 하나를 말하면 종료됩니다.

49행

"requestEnvelope.request.type"의 값이 "IntentRequest"인지 확인합니다.

50행

말한 단어가 Endslot에서 정의한 단어이면 "EndIntent"로 바뀝니다.

51행

"AMAZON.StopIntent"는 Amazon이 정의한 독자적인 Endslot이라고 생각하면 됩니다. 기본적인 "종료"나 "이제 그만" 등의 단어가 등록되어 있습니다. 그러면 굳이 Endslot이 필요 없지 않나? 라고 생각할 수도 있겠지만, 종료라는 단어 이외에도 Amazon이 지원하지 않는 단어가 있을 것입니다. AMAZON.StopIntent에서도 추가로 등록할 수 있지만 이번에는 슬롯 공부도 할 겸 해서 한 번 넣어 봤습니다.

[index.js]

```
62    exports.handler = Alexa.SkillBuilders.standard()
63        .addRequestHandlers(
64            LaunchRequestHandler,
65            HelloHandler,
66            EndHandler,
67            SessionEndedRequestHandler)
68        .lambda();
```

62~68행

지금까지 작성한 코드를 등록하는 소스입니다. ~Handler라고 정의한 코드를 64~67행에 등록합니다.

코드의 설명은 여기까지입니다. 이어서 시뮬레이터로 실제 움직임을 확인하겠습니다.

3 5 시뮬레이터에서 확인하기

3-4절에서 만든 프로그램과 Alexa Skills Kit에서의 연결이 끝났으니 이제 시뮬레이터로 확인하겠습니다. 실제 움직임을 보겠습니다.

▶ 시뮬레이터에서 확인하기

시뮬레이터는 실제 움직임에 따라 확인할 수 있습니다. 실제 기기와 거의 흡사한 움직임을 볼 수 있으며, 시뮬레이터에서는 어떤 리퀘스트를 받았는지 어떤 응답을 보내는지 한눈에 알 수 있습니다. 그럼 실제로 움직여 보겠습니다.

Alexa Skills Kit 화면에 있는 Test 탭을 클릭합니다(화면 1). 화면이 바뀌면 "Skill testing is enabled in:" 옆의 드롭다운 메뉴에서 Development로 선택되어 있는지 확인합니다. 텍스트 입력창에 "greet"을 입력하면 생성한 스킬이 호출됩니다(화면 2).

[화면 1] Test 탭에서 텍스트 입력창에 "greet" 입력

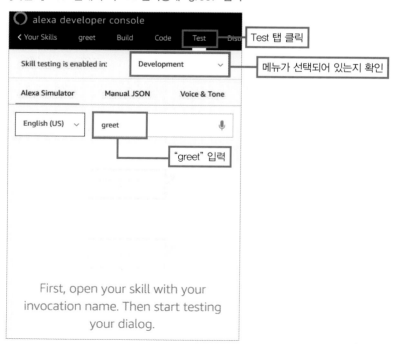

"Welcome to Alexa"라고 표시가 되면 텍스트 입력창에 "hello"를 입력합니다. 입력하면 "Hello Everyone!"이라고 대답합니다. "byebye"라고 입력하면 "Bye! See you soon!"이라고 대답하고 스킬은 종료됩니다.

[화면 2] 샘플 발화로 등록한 단어에 반응하여 응답 메시지를 보내 준다

3.6 실제 기기에서 확인하기

그래도 만든 스킬은 실제 기기에서 확인해 보고 싶은 것이 인지상정이지요. 실제 기기에서의 움직임을 확인하기 위해서는 몇 가지 단계가 있으니 순서대로 설명하겠습니다.

▶ 공개 설정 등록

실제 기기에서 확인하기 전에 스토어에 공개 설정을 등록해야 합니다. 여기에서는 스킬 아이콘의 설정이나 스킬의 설명을 작성합니다. 공개라는 단어를 보고는 '실제로 배포하는 거 아냐?'라고 생각할 수 있겠지만, 실제로 신청까지는 하지 않으니 걱정하지 않아도 됩니다. 화면 1의 Distribution 탭을 클릭하고 필요 항목을 채워 갑니다. 필수 항목을 모두 채웠으면 [Save and Continue] 버튼을 클릭합니다.

alexa developer console

‹ Your Skills   greet   Build   Code   Test   **Distribution**   Certification

❶ Distribution 탭 클릭

Skill Preview ⌄

English (US)

Privacy & Compliance

Availability

English (US) Store Preview

Tell us how your skill should appear to English (US) customers.

Copy from an existing locale

Public Name * (?)

greet

5/50 characters

One Sentence Description * (?)

greet

5/160 characters

Detailed Description * (?)

인사

❷ 설명 입력

2/4,000 characters

What's new? (?)

0/2,000 characters

Example Phrases * (?)

Example Phrase 101
View samples to help guide you when creating phrases.

❯ More

1.   Alexa, open greet   **❸ 샘플 문구 등록**   ⊕

2.   Optional: Enter additional utterance that will display on the skill detail card

3.   Optional: Enter additional utterance that will display on the skill detail card

Small Skill Icon *

icon_insa_108.png   인사

Large Skill Icon *

icon_insa_512.png   인사

❹ 108×108과 512×512의 png 이미지 파일 업로드

Need help creating your skill's icon? Click here to use the Alexa Skill Icon Builder.

Category * (?)

Social - Communication   **❺ 원하는 카테고리 선택**   ⌄

Keywords (?)

greet, 인사   **❻ 검색용 키워드 등록**

2/30 keywords

Privacy Policy URL (?)

Enter a link to the private policy that applies to this skill.

Terms of Use URL (?)

Enter a link to the terms of use document for this skill.

Save and continue   **❼ [Save and continue] 버튼 클릭**

이어서 "Privacy & Compliance(개인보호 및 이용약관)" 설정을 진행합니다(화면 2). 이 항목은 모두 "No"를 선택하고 "Export Compliance(수출 이용약관)"을 체크합니다. 테스트 순서는 실제 공개할 경우 심사위원이 스킬을 테스트를 할 때의 순서를 알려 주기 위한 것이므로 자세하게 테스트 순서를 입력합니다. 이번에는 샘플이기 때문에 화면 2와 같이 간단하게 입력하였습니다. 오른쪽 아래에 있는 [Save and continue] 버튼을 클릭합니다.

[화면 2] 개인보호 및 이용약관 설정 진행

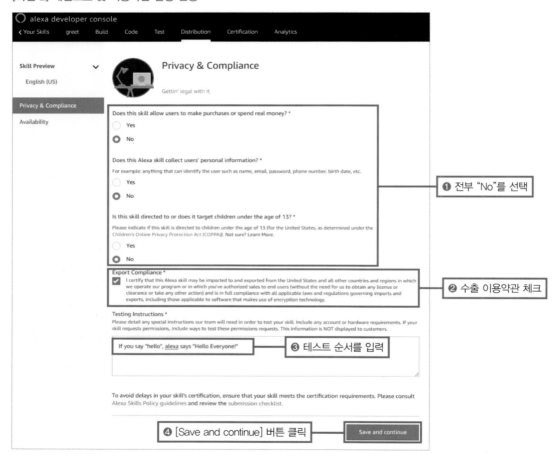

이어서 "Availability(공개 범위)" 설정을 진행합니다(화면 3). 여기에서 테스트를 진행할 메일 주소를 등록합니다. 기본적으로 생성한 계정의 메일 주소를 등록하면 됩니다.

베타 테스트 관리용 이메일 주소와 베타 테스터의 이메일 주소를 추가 후 [Enable beta testing] 버튼을 클릭하고 오른쪽 아래의 [Save and continue] 버튼을 클릭합니다. 베타 테스터에 지정한 이메일로 스킬 테스트용 URL이 전송됩니다.

[화면 3] 베타 테스터 등록

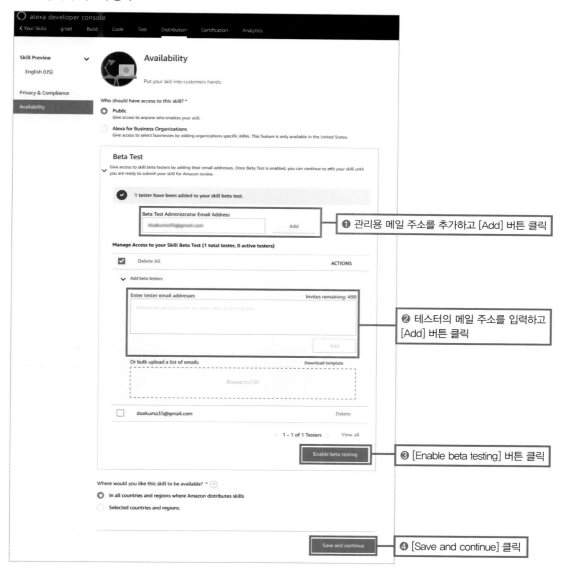

❶ 관리용 메일 주소를 추가하고 [Add] 버튼 클릭

❷ 테스터의 메일 주소를 입력하고 [Add] 버튼 클릭

❸ [Enable beta testing] 버튼 클릭

❹ [Save and continue] 클릭

앞서 베타 테스터에 등록한 베타 테스터 이메일로 화면 4와 같은 메일이 전송됩니다. Alexa 앱에서 가지고 있는 Amazon Echo와 연결을 마친 상태에서 첫 번째 "Enable Alexa skill" 링크를 클릭합니다.

[화면 4] 첫 번째 "Enable Alexa skill "greet"" 클릭

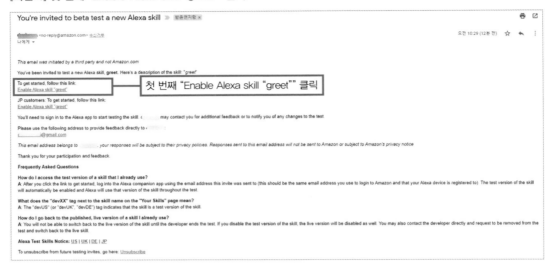

링크를 클릭하면 동의 여부를 확인하는데 [I ACCEPT] 버튼을 클릭합니다(화면 5).

[화면 5] [I ACCEPT] 버튼 클릭

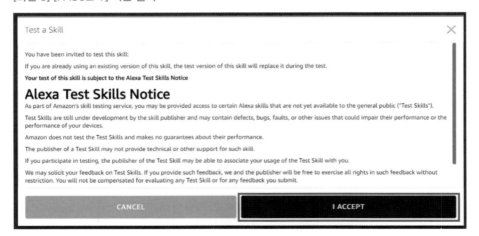

[활성화] 버튼을 클릭하여 스킬을 활성화합니다. 스킬을 활성화한 뒤 가지고 있는 Amazon Echo를 향해 "Alexa, open greet(알렉사, 인사와 연결해 줘)"라고 말하면 만든 스킬이 동작합니다(화면 6). 다른 스킬을 만든 경우도 실제 기기로 테스트 할 때 같은 순서대로 진행하여야 합니다.

[화면 6] 스킬 활성화

Chapter 04

Naver Clova
스킬 만들기

이번 장에서는 Naver Clova를 사용하여 스킬을 만듭니다. 스킬 개발은 Clova Extensions Kit(클로바 익스텐션즈 킷)으로 진행합니다.

4·1 Clova Extensions Kit(클로바 익스텐션즈 킷)이란

Clova Extensions Kit(클로바 익스텐션즈 킷)은 3장에서 설명한 Alexa Skills Kit과 매우 닮았습니다. 개념이 Alexa Skills Kit과 거의 흡사한데, 2018년 7월 기준으로는 스킬을 확인할 수 있는 간이 시뮬레이터가 있지만 Google Home이나 Amazon Echo에서 사용하는 것과 같은 시뮬레이터는 없습니다. 발매된 지 얼마 되지 않기 때문에 기능이 제한적입니다. 이번에는 스킬 개발 방법에 대해 설명하겠습니다.

▶ Clova Developer Console에 접속

스킬을 개발하기 위해서는 Clova Extensions Kit을 사용합니다. Clova Extensions Kit은 개발 및 스킬을 공개하기 위해 필요한 툴과 인터페이스를 제공하는 플랫폼입니다. 3장에서 설명한 Alexa에서 말하는 Alexa Skills Kit에 해당합니다.

간단한 인사 스킬을 개발해 보겠습니다. Clova Developer Console β(https://developers.naver.com/console/clova/)에 접속합니다. 화면 중앙에 있는 "Clova Extensions Kit β"를 클릭합니다(화면 1).

[화면 1] "Clova Extensions Kit β" 클릭

네이버 로그인 화면으로 이동하며 네이버 계정을 이용하여 로그인을 합니다(화면 2).

[화면 2] 네이버 계정으로 로그인

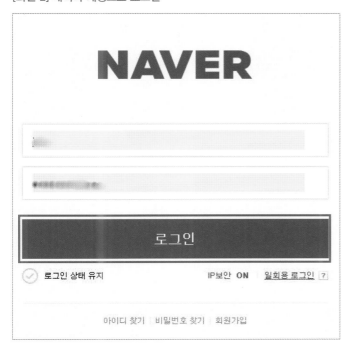

로그인이 성공하면 Clova Extensions Kit β 화면으로 이동합니다. 왼쪽 아래에 있는 [Custom extension 만들기] 버튼을 클릭합니다(화면 3). 처음으로 extension을 만들기 때문에 개발자 이용약관에 동의해야 합니다(화면 4).

[화면 3] [Custom extension 만들기] 클릭

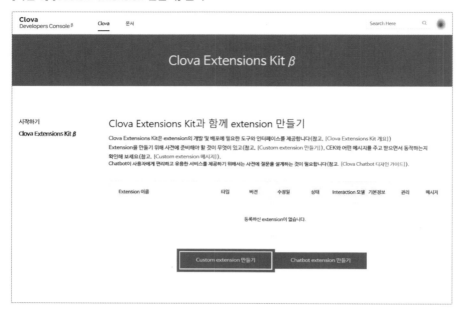

[화면 4] 이용약관 및 개인정보 수집 동의

▶ 새로운 extension 만들기

새로운 extension 만들기에 대해서 설명하겠습니다. 이전 페이지에서 Custom extension 만들기를 클릭하였으므로 타입은 Custom으로만 가능합니다(화면 5).

[화면 5] Custom 타입

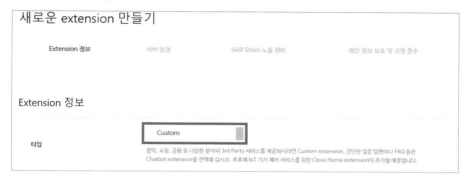

Extension ID는 다른 Extension과 중복되지 않는 고유한 값으로 설정합니다(화면 6). 이번에는 "com.test.insa"라는 값으로 입력합니다. 도메인을 가지고 있다면 해당 도메인을 입력해 주세요. Extension 이름은 "인사"라고 입력하고 호출 이름도 "인사"라고 입력합니다. 실제로 스킬을 신청할 때는 스킬명도 심사 대상이 되므로 신중하게 정하도록 합니다. 이번에는 테스트 스킬이므로 "인사"라고 입력합니다. 호출 이름에 다른 스킬을 호출할 수 있는 단어도 등록할 수 있습니다.

[화면 6] Extension ID 및 호출 이름 설정

오디오 플레이어 사용은 음원을 제공할지를 정합니다(화면 7). 이번에 만드는 인사 스킬은 음원을 제공하지 않아 "아니요"를 선택합니다. 서비스 담당자의 이메일을 입력하고 테스터 ID를 입력합니다. Naver 계정을 포함하여 최대 10개까지 추가할 수 있습니다. 입력이 완료되면 화면 아래의 [만들기] 버튼을 클릭합니다.

[화면 7] 오디오 플레이어의 사용을 "아니요"로 선택 후 서비스 담당자 정보 및 테스터 ID 입력하고 [만들기] 버튼 클릭

4·2 서버 설정

Clova의 스킬을 실행하기 위한 서버 설정을 진행합니다. 스킬을 작동하기 위해서는 서버 설정이 반드시 필요합니다. 이번에는 3장에서 사용한 AWS Lambda를 사용하여 서버를 설정하겠습니다.

▶ AWS Lambda 설정

AWS에 로그인한 뒤 AWS Lambda 페이지로 이동합니다(화면 1). 화면 오른쪽에 있는 [함수 생성] 버튼을 클릭합니다.

[화면 1] AWS Lambda 페이지로 이동한 뒤 [함수 생성] 버튼 클릭

"새로 작성"을 선택합니다(화면 2). "HelloClovaSkill"이라는 이름을 입력하고 실행 역할은 "AWS 정책 템플릿에서 새 역할 생성"을 메뉴에서 선택합니다. 역할 이름은 "myClovaRole"을 입력합니다. 정책 템플릿은 "기본 Lambda@Edge 권한(CloudFront 트리거용)"을 선택합니다. 끝으로 오른쪽 아래의 [함수 생성] 버튼을 클릭하여 함수를 생성합니다.

[화면 2] 함수 설정 진행

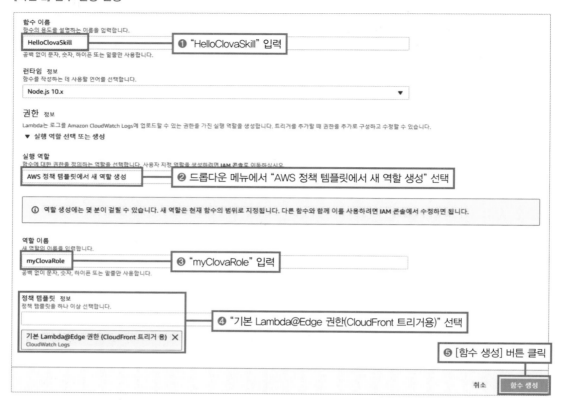

트리거 추가를 클릭한 뒤 "API 게이트웨이"를 선택합니다(화면 3). API 게이트웨이는 외부 접속이 가능한 URL을 생성해 줍니다. 생성한 URL에 접속하면 지금 만들고 있는 함수의 처리를 실행합니다. Clova에서 접속하기 위한 URL을 생성하기 위해 API 게이트웨이 설정을 합니다.

[화면 3] "트리거 추가" 클릭 후 "API 게이트웨이" 선택

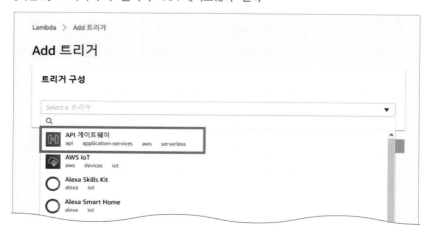

트리거 설정을 진행합니다(화면 4). API는 "새 API 생성"을 선택합니다. 추가 세팅을 클릭하여 메뉴를 열고 API 이름을 "HelloClovaSkill"이라고 입력합니다. 추가 세팅의 배포 단계 이름은 "api"를 입력합니다. 원래 보안은 아무나 접속하지 못하도록 해야 하지만 이번에는 테스트용이므로 "열기"를 메뉴에서 선택한 뒤 마지막으로 [추가] 버튼을 클릭합니다.

[화면 4] 트리거 설정

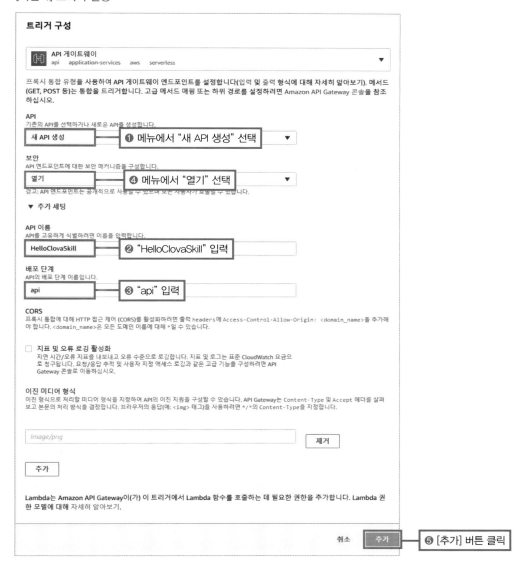

[저장] 버튼을 누르면 화면 5처럼 이전 화면으로 이동하며 접속을 위한 URL이 생성됩니다. 생성된 URL은 복사해 둡니다.

[화면 5] 접속 URL 확인 및 복사

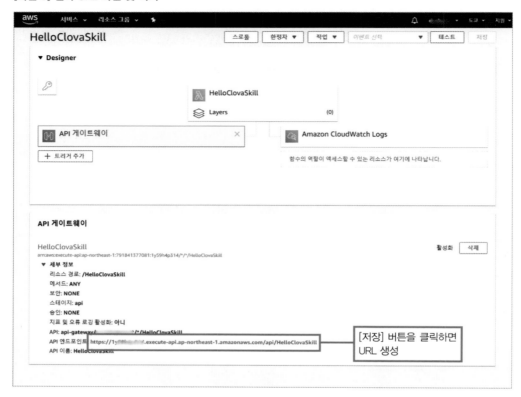

Clova Developers Console 페이지로 이동하여 "서버 설정"을 클릭합니다(화면 6). Extension 서버 URL에 복사해 둔 URL을 붙여 넣기 한 뒤 [저장] 버튼을 클릭합니다.

[화면 6] Extension 서버 URL 설정

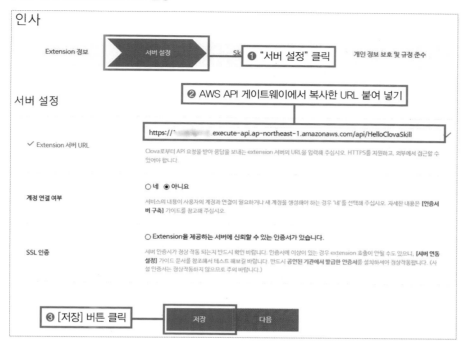

프로그램의 설정

스킬을 작동하기 위해 프로그램을 설정합니다. AWS Lambda에서 "HelloClovaSkill"을 클릭합니다(화면 7).

[화면 7] "HelloClovaSkill" 클릭

화면을 살짝 아래로 내려서 함수 코드에 있는 index.js 파일을 수정합니다(화면 8). index.js의

내용을 전부 지운 뒤 "Naver/Hello/Hello.txt"의 내용을 복사하여 붙여 넣습니다. 붙여 넣기가 끝나면 오른쪽 위의 [저장] 버튼을 클릭합니다.

[화면 8] index.js 편집

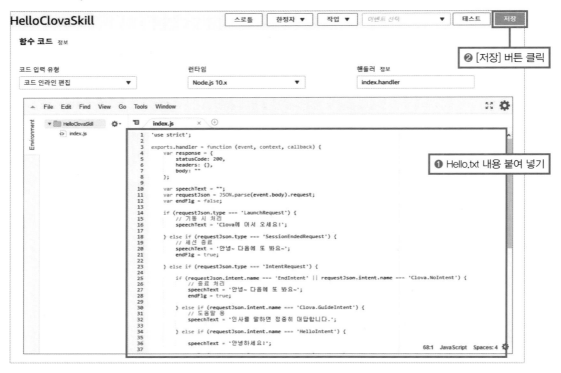

Hello.txt의 코드를 설명하겠습니다.

[index.js] (Naver/Hello/Hello.txt 내용 붙여 넣기)

```
 1   'use strict';
 2
 3   exports.handler = function (event, context, callback) {
 4       var response = {
 5           statusCode: 200,
 6           headers: {},
 7           body: ""
 8       };
 9
10       var speechText = "";
11       var requestJson = JSON.parse(event.body).request;
12       var endFlg = false;
13
```

```
14          if (requestJson.type === 'LaunchRequest') {
15              // 기동 시 처리
16              speechText = 'Clova에 어서 오세요!';
17
18          } else if (requestJson.type === 'SessionEndedRequest') {
19              // 세션 종료
20              speechText = '안녕~ 다음에 또 봐요~';
21              endFlg = true;
22
23          } else if (requestJson.type === 'IntentRequest') {
24
25              if (requestJson.intent.name === 'EndIntent' || requestJson.intent.name ===
    'Clova.NoIntent') {
26                  // 종료 처리
27                  speechText = '안녕~ 다음에 또 봐요~';
28                  endFlg = true;
29
30              } else if (requestJson.intent.name === 'Clova.GuideIntent') {
31                  // 도움말용
32                  speechText = '인사를 말하면 정중히 대답합니다.';
33
34              } else if (requestJson.intent.name === 'HelloIntent') {
35
36                  speechText = '안녕하세요!';
37
38              } else if (requestJson.intent.name === 'MorningIntent') {
39
40                  speechText = '좋은 아침이에요!';
41
42              }
43
44          }
45
46          var responseJson = JSON.stringify({
47              "version": "1.0",
48              "response": {
49                  "outputSpeech": {
50                      "type": "SimpleSpeech",
51                      "values": {
52                          "type":"PlainText",
53                          "lang":"ko",
54                          "value": speechText
55                      }
56                  },
```

```
57              "card": {},
58              "directives": [],
59              "shouldEndSession": endFlg
60          }
61      });
62
63      response.body = responseJson;
64
65      callback(null, response);
66
67  };
```

11행

Clova가 보내 주는 값을 받습니다.

14행

인텐트 타입이 "LaunchRequest"인지 체크합니다.

18행

인텐트 타입이 "SessionEndedRequest"인지 체크합니다. 참이면 Clova가 "안녕~ 다음에 또 봐요~"라고 말합니다.

23행

인텐트 타입이 "IntentRequest"인지 체크합니다.

25행

인텐트 이름이 "EndIntent" 또는 "Clova.NoIntent"인지 체크합니다. 사용자가 "바이바이"라고 말하면 호출되고 Clova가 "안녕~ 다음에 또 봐요~"라고 말합니다.

30행

인텐트 이름이 "Clova.GuideIntent"인지 체크합니다. 사용자가 "도와줘"라고 말하면 호출이 되고 스킬의 사용 방법을 말합니다.

34행

인텐트의 이름이 "HelloIntent"인지 체크합니다. 사용자가 "안녕"이라고 말하면 호출되고 "안녕하세요!"라고 말합니다.

38행

인텐트 이름이 "MorningIntent"인지 체크합니다. 사용자가 "좋은 아침"이라고 말하면 호출되고 "좋은 아침이에요!"라고 말합니다.

54행

Clova가 말하게 할 내용을 설정합니다.

59행

false면 대화를 유지시켜 스킬을 속행합니다. true면 대화를 종료하고 스킬도 종료됩니다.

▶ 스킬 상세 정보의 등록

프로그램 편집이 끝나면 Clova Developer Console의 화면으로 이동하여 "Skill Store 노출 정보"를 클릭합니다(화면 9). 스킬의 분류 설정이나 심사용 설명문을 입력합니다. 이번에는 테스트용 스킬이므로 적당히 입력합니다.

[화면 9] 스킬 분류 및 심사용 설명 입력

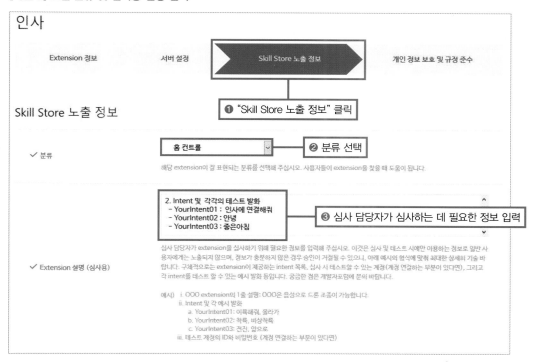

스킬에 대한 설명을 입력합니다(화면 10). 심사에 등록하는 경우에는 사용자용 설명을 상세하게 입력합니다. 이번에는 테스트용이므로 "인사"라고만 입력합니다. 발화 문장(사용자용)의 첫 번째에 스킬을 동작시키기 위한 문장인 "인사를 시작해줘"를 등록합니다. 두 번째 이후에는 스킬이 동작한 뒤에 사용되는 발화 문장을 등록합니다. 검색 키워드는 스킬을 검색하기 위한 키워드를 최대 100자까지 입력할 수 있습니다. 쉼표로 구분하여 "인사, 안녕"이라고 입력합니다. 아이콘은 108×108, 512×512 픽셀의 PNG 또는 JPG 형식의 이미지 파일로 지정합니다. 여기서는 Naver/Hello/icon.png와 Naver/Hello/icon_108.png를 사용하면 됩니다. 설정 및 입력이 끝나면 [다음] 버튼을 클릭합니다.

[화면 10] 스킬 설명문 및 아이콘 설정

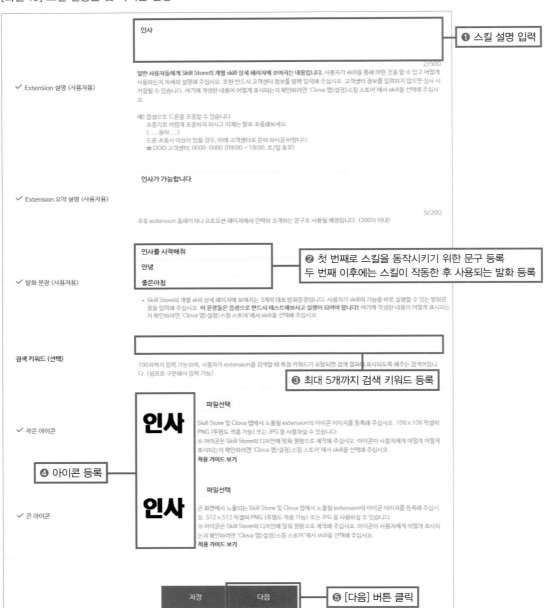

개인 정보 보호 및 규정 준수에 대한 설정을 진행합니다(화면 11). 구매/지불 기능 존재 여부를 선택합니다. 이번에는 테스트용이므로 "아니요"를 선택합니다. 개인 정보도 수집하지 않으므로 개인 정보 수집 여부도 "아니요"를 선택합니다. 미성년자 사용 가능 여부는 "네"를 선택합니다. 개인 정보 보호 정책 URL이나 면책 조항 제공 URL이 있는 경우에는 해당 URL을 입력합니다. 완료되면 [Interaction 모델] 버튼을 클릭합니다.

[화면 11] 개인 정보 보호 및 규정 준수 설정 진행 후 [Interaction 모델] 버튼 클릭

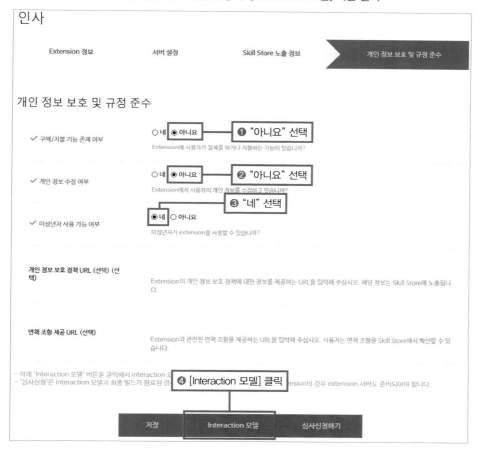

4 3 대화 모델 설정

인텐트 설정이나 슬롯의 설정을 진행합니다. 인텐트나 슬롯의 개념은 Alexa Skills Kit과 동일합니다. 하지만 동작 확인을 위한 시뮬레이터는 간단한 확인만 가능하며 전체적인 흐름은 실제 기기에서 확인할 필요가 있습니다.

▶ 인텐트 만들기

Interaction 모델 화면에서는 인텐트 설정이나 슬롯 설정을 진행합니다(화면 1). Custom Intent를 새로 생성하여 "안녕"에 반응하는 인텐트를 만듭니다.

등록된 intent 옆의 [+] 버튼을 클릭합니다. 새롭게 만들 intent 이름은 "HelloIntent"라고 입력하고 [만들기] 버튼을 클릭합니다.

[화면 1] Custom Intent 새로 만들기

HelloIntet가 반응할 단어를 등록합니다(화면 2). 발화 예시 목록에 "안녕"을 입력하고 오른쪽의 [+] 버튼을 클릭한 뒤 [저장] 버튼을 클릭합니다.

[화면 2] HelloIntent가 반응할 단어 등록

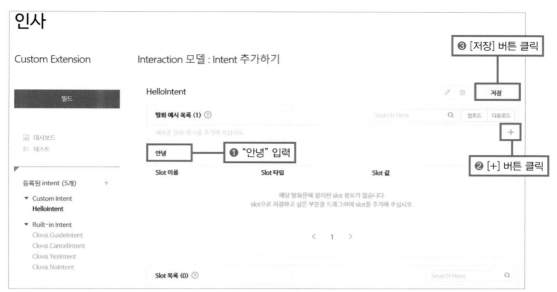

"좋은 아침"에 반응할 인텐트를 새로 등록하기 위해 화면 3과 같이 등록된 intent 옆의 [+] 버튼을 클릭합니다. 새로운 custom intent 이름으로 "MorningIntent"를 입력하고 오른쪽의 [만들기] 버튼을 클릭합니다. 발화 예시 목록에 "좋은 아침"을 입력하고 오른쪽의 [+] 버튼을 클릭 후 오른쪽 위의 [저장] 버튼을 클릭합니다.

[화면 3] "좋은 아침"에 반응할 인텐트 신규 생성

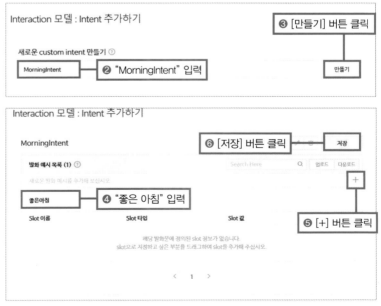

▶ 슬롯의 설정

슬롯은 Alexa Skills Kit에서도 나왔습니다. 여러 가지 다른 표현에 대응하기 위한 단어를 등록하고 스킬을 종료할 때 사용할 여러 표현을 등록합니다. 화면 4에서처럼 왼쪽 메뉴에 있는 등록된 slot 타입 옆의 [+] 버튼을 클릭합니다. 새로운 slot 타입 만들기에 "EndSlot"이라고 입력합니다. [만들기] 버튼을 클릭하여 슬롯 타입을 추가합니다.

스킬을 종료할 때 사용할 여러 가지 다른 표현을 등록합니다. "잘가"라고 입력 후 [+] 버튼을 클릭하여 단어를 등록해 나갑니다. 화면 4와 같이 단어를 등록한 뒤 [저장] 버튼을 클릭하여 Custom Slot 타입을 저장합니다.

[화면 4] Custom Slot 타입 추가

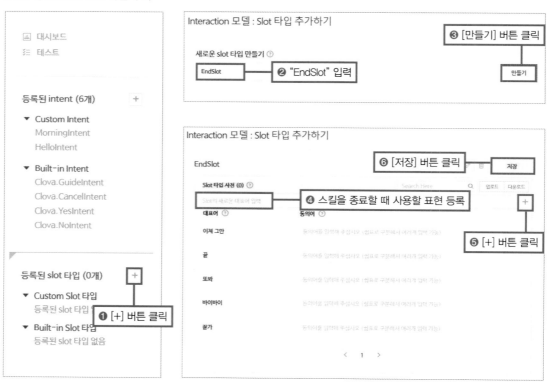

추가한 슬롯을 적용할 Intent를 새로 만들겠습니다.

화면 5에서처럼 등록된 intent 옆의 [+] 버튼을 클릭합니다. 새로운 custom intent 이름은 "EndIntent"로 입력하고 [만들기] 버튼을 클릭합니다. Slot 목록에 "endslot"이라고 입력 후 엔터 키를 누릅니다. Slot 타입 메뉴에서 "EndSlot"을 선택합니다. 발화 예시 목록에 Custom Slot에 등록한 종료할 때 사용할 표현 중 하나를 골라 입력합니다. 이번에는 "바이바이"라고 입력하고 엔터키를 입력합니다. "바이바이"를 더블 클릭하여 레이어 팝업 메뉴가 표시되면, "endslot" 오른쪽의 [선택] 버튼을 클릭하여 종료할 때의 단어와 연결시킵니다. [저장] 버튼을 잊지 말고 클릭합니다.

[화면 5] 종료 인텐트의 추가

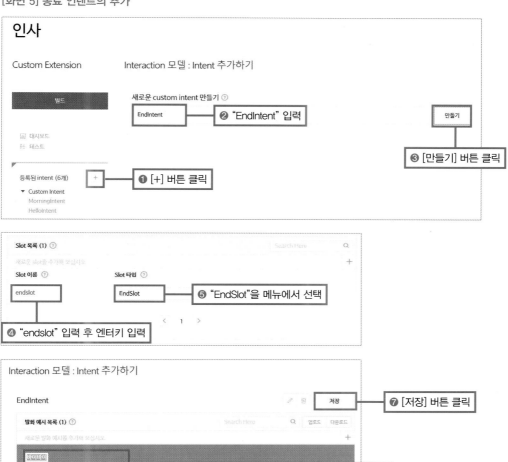

화면 6과 같이 EndIntent의 설정을 진행합니다. 지금까지 만든 인텐트나 슬롯의 설정을 작동시키기 위해 빌드를 진행합니다. 화면 왼쪽 위의 [빌드] 버튼을 클릭합니다. 빌드는 10분 정도 걸리며 완료될 때까지 기다립니다.

[화면 6] 설정이 완료되면 [빌드] 버튼 클릭

▶ 테스트

빌드가 끝나면 테스트를 진행합니다. 화면 7처럼 왼쪽 메뉴에 있는 테스트를 클릭합니다.

사용자 발화 예시 입력에 "안녕"이라고 입력 후 [테스트 요청] 버튼을 클릭합니다. 테스트 결과가 아래에 표시되며 서비스 응답에 서버에 설정한 단어가 나타납니다. "안녕"이나 "바이바이"도 입력해서 설정한 단어가 나타나는지 확인합니다.

[화면 7] 스킬 테스트

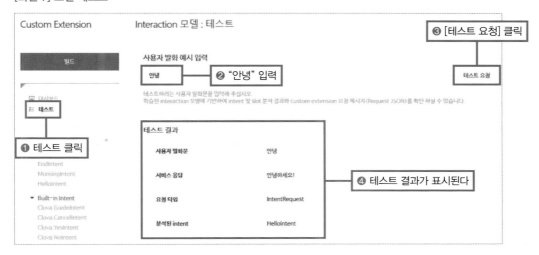

Clova 기기에서의 스킬 확인은 Clova Wave, Clova Friends나 Clova Friends Mini에서 할 수 있습니다. Clova 기기에게 "인사를 연결해줘"라고 하면 "Clova에 어서오세요!"라고 대답해 줍니다. 스킬을 작동할 때의 확인은 실제 기기를 사용해서 진행합니다.

세 가지 기종에 대응하는 스킬 개발

(Google Home / Amazon Echo / Naver Clova)

이번 장에서는 Google Home, Amazon Echo, Naver Clova에서 같은 기능을 가진 스킬을 만듭니다. 신장과 체중을 말하면 BMI(Body Mass Index)와 표준 체중을 대답해 주는 스킬입니다. 지금까지 설명한 툴을 구사하여 스마트 스피커다운 스킬을 만들어 보겠습니다.

5·1 BMI 측정 스킬 만들기
– Google Home편

지금까지는 단순한 인사 스킬을 만들었지만 이번 절에서는 신장과 체중을 말하면 BMI와 표준 체중을 대답해 주는 스킬을 Dialogflow를 사용하여 만들어 보겠습니다.

▶ BMI 스킬 만들기

Dialogflow에 접속하여 새로운 Agent를 만듭니다(화면 1). 2장에서 만든 Hello 오른쪽에 있는 ▼를 클릭하여 "Create new agent"를 클릭합니다. Agent 이름을 "BMI"라고 입력하고 DEFAULT LANGUAGE는 "Korean – ko"를 선택한 뒤 오른쪽 위에 있는 [CREATE] 버튼을 클릭합니다.

[화면 1] 새로운 Agent 생성

다음으로 BMI 측정을 시작할 문장을 등록합니다(화면 2). Entities의 [+] 버튼을 클릭하고 Entity 이름은 "Start"로 입력합니다. 시작하기 위한 단어를 화면 2와 같이 등록하고 오른쪽 위의 [SAVE] 버튼을 클릭합니다.

[화면 2] 시작할 문장 등록

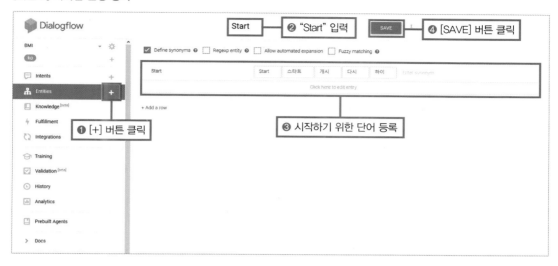

이어서 스킬을 종료하기 위한 문장을 등록합니다(화면 3). Entities의 [+] 버튼을 클릭합니다. Entity 이름은 "End"라고 입력하고 스킬을 끝내기 위한 단어를 화면 3과 같이 등록합니다. 등록한 뒤에 오른쪽 위의 [SAVE] 버튼을 클릭합니다.

[화면 3] 스킬을 끝내기 위한 단어 등록

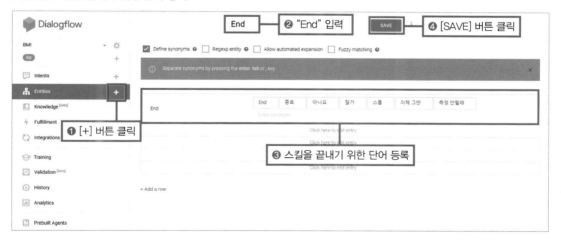

▶ 인텐트 만들기

측정을 시작하기 위한 Intent를 만듭니다(화면 4). 이 Intent로 시작한 뒤 신장과 체중을 듣고 마지막에 BMI와 표준 체중을 대답해 줍니다. Intents의 [+] 버튼을 클릭하면 Intent의 신규 생성

화면이 표시됩니다. Intent 이름은 "StartIntent"라고 입력합니다. 이때 주의할 점은 대소문자가 틀리지 않게 해야 합니다. Training phrases에 "스타트"라고 입력하고 엔터키를 입력합니다. 자동으로 Action and parameters 부분에 "스타트"라는 단어가 포함된 Start의 Entity 이름이 파라미터로 입력됩니다.

[화면 4] StartIntent 생성

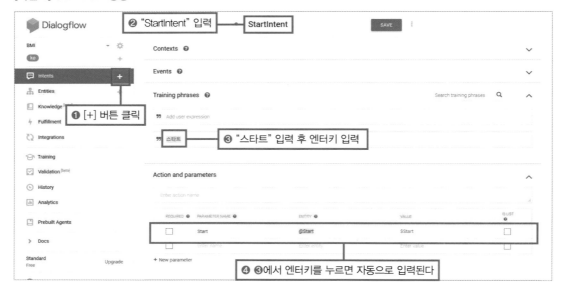

Action and parameters에 신장을 묻는 파라미터를 추가합니다(화면 5). REQUIRED에 체크를 하면 반드시 대답해야 하는 Entity가 되어 신장을 말하지 않으면 진행하지 않게 됩니다. PARAMETER NAME에 "HeightVal"을 입력합니다. PARAMETER NAME은 대소문자에 주의하여 입력하여야 하는데 이유는 뒤에 나올 프로그램에서 "HeightVal"의 값을 받을 수 있게 하기 위해서입니다.

신장을 숫자로 받기 위해 ENTITY는 "@sys.number"를 입력합니다. Dialogflow에서 숫자만 받을 수 있는 ENTITY가 바로 "@sys.number"입니다. 신장의 값 170센티미터를 숫자로 받게 하기 위해서는 Google Home에게 "백칠십"이라고 말합니다. 그 말을 Dialogflow에서 기계 학습된 사전에서 조회하여 "170"이라는 값으로 받아내는 구조입니다. 이 외에도 "@"마크가 붙은 Entity가 Dialogflow에 내장되어 있는데, 예를 들어 "@sys.date-period"는 "올해"를 발화하면 자동으로 이번 연도의 숫자로 변환해 줍니다. 자세한 정보는 다음 링크를 통해 확인할 수 있습니다(https://dialogflow.com/docs/reference/system-entities).

VALUE에 "$HeightVal"을 입력합니다. 앞에 붙는 "$" 마크는 Dialogflow에서 정한 기호입니다. 기호 "$"와 영문 "S"를 혼동하지 않도록 주의합시다. 화면 5와 같이 설정합니다.

[화면 5] 신장 파라미터 설정

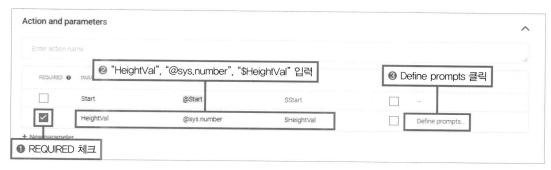

PROMPTS 항목에 있는 "Define prompts…"를 클릭합니다(화면 6). Define prompts란 스킬 이용자에게 값을 받기 위한 질문입니다. 이번에는 신장이 얼마인지 듣고 싶은 것이니 대답이 가능한 질문을 설정합니다. 화면 6과 같이 "BMI 측정을 시작하겠습니다. 신장을 센티미터 단위로 말해 주세요."라고 입력합니다.

[화면 6] 신장을 물어보는 질문 입력

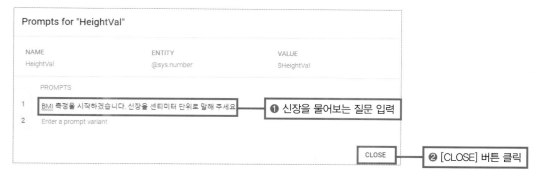

오른쪽 아래의 [CLOSE] 버튼을 클릭하여 팝업을 닫으면 화면 7처럼 됩니다.

[화면 7] 신장 파라미터 설정

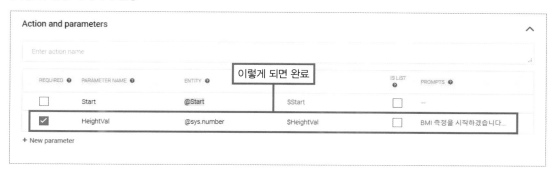

다음으로 체중을 묻는 파라미터를 설정합니다(화면 8). 앞서 신장을 설정한 것과 동일한 방법으로 체중을 묻는 파라미터와 질문을 설정합니다.

[화면 8] 체중 파라미터 설정

"Define prompts…"를 클릭하여 체중을 답할 수 있는 질문을 화면 9와 같이 입력합니다. 그리고 오른쪽 아래의 [CLOSE] 버튼을 클릭하여 화면을 닫습니다.

[화면 9] 체중을 물어보는 질문 입력

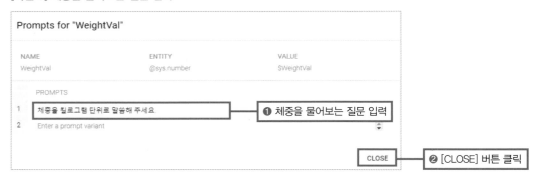

Fulfillment 항목에 있는 "Enable webhook call for this intent"를 활성화하고 오른쪽 위의 [SAVE] 버튼을 클릭합니다(화면 10).

[화면 10] webhook 활성화 후 [SAVE] 버튼 클릭

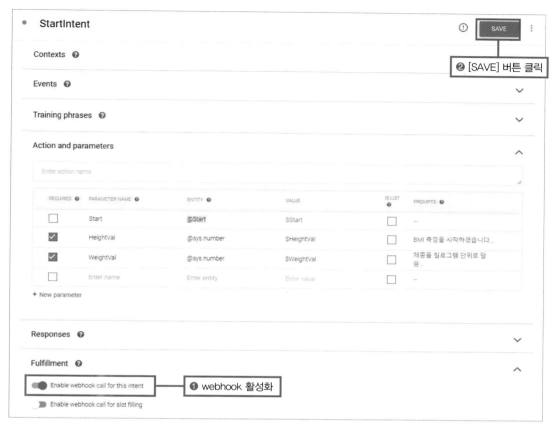

이어서 스킬을 종료하기 위한 Intent를 만듭니다(화면 11). Intents 오른쪽의 [+] 버튼을 클릭하면 새로운 Intent 화면으로 이동합니다. Intent 이름은 "EndIntent"라고 대소문자를 구분하여 입력합니다. Training phrases에 "종료"를 입력하고 엔터키를 누릅니다.

Responses 항목의 Text response에 스킬이 종료된 것을 사용자에게 알리기 위한 단어를 입력합니다. 이번에는 "BMI 측정을 마칩니다"를 입력합니다. 이때 잊지 않고 "Set this intent as end of conversation"을 활성화합니다. 활성화하지 않으면 스킬을 종료할 수 없습니다. 화면 오른쪽 위의 [SAVE] 버튼을 클릭하면 화면 11과 같이 나타납니다.

[화면 11] EndIntent 설정

프로그램 작성

대답한 신장과 체중으로 BMI와 표준 체중을 계산하는 프로그램을 만들겠습니다. 왼쪽 메뉴의 Fulfillment를 클릭합니다(화면 12). Inline Editor의 버튼을 체크하여 활성화시킵니다.

[화면 12] Fulfillment의 Inline Editor 활성화

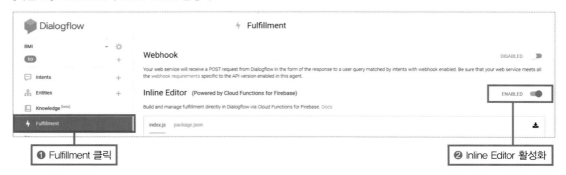

Inline Editor에 있는 Index.js의 내용을 수정하겠습니다. 만들어져 있는 내용을 일단 삭제 후 예제 파일 GoogleHome/BMI/BMI1.txt를 붙여 넣기합니다.

[Index.js] (GoogleHome/BMI/BMI1.txt 내용 복사 붙여 넣기)

```javascript
1   'use strict';
2
3   const functions = require('firebase-functions');
4   const {WebhookClient} = require('dialogflow-fulfillment');
5   const {Card, Suggestion} = require('dialogflow-fulfillment');
6
7   process.env.DEBUG = 'dialogflow:debug'; // enables lib debugging statements
8
9   exports.dialogflowFirebaseFulfillment = functions.https.onRequest((request, response) => {
10    const agent = new WebhookClient({ request, response });
11    console.log('Dialogflow Request headers: ' + JSON.stringify(request.headers));
12    console.log('Dialogflow Request body: ' + JSON.stringify(request.body));
13
14    function welcome(agent) {
15      agent.add('Welcome to my agent!');
16    }
17
18    function fallback(agent) {
19      agent.add('I didn't understand');
20      agent.add('I'm sorry, can you try again?');
21    }
22
23    function bmi(agent) {
24        let conv = agent.conv();
25        const heightVal = conv.parameters['HeightVal'];
26        const weightVal = conv.parameters['WeightVal'];
27
28        // BMI 계산
29        const myBMI = (parseFloat(weightVal) / (parseFloat(heightVal)/100 *
    parseFloat(heightVal)/100)).toFixed(1);
30
31        // 표준 체중
32        const stdWeight = (22 * (parseFloat(heightVal)/100 * parseFloat(heightVal)/100)).
    toFixed(1);
33
34        const speak = 'BMI는 ${myBMI}입니다. 표준 체중은 ${stdWeight}kg입니다. 한 번 더
    측정하시겠습니까?';
35
```

```
36          conv.ask(speak);
37          agent.add(conv);
38      }
39
40      let intentMap = new Map();
41      intentMap.set('Default Welcome Intent', welcome);
42      intentMap.set('Default Fallback Intent', fallback);
43      intentMap.set('StartIntent', bmi);
44      agent.handleRequest(intentMap);
45  });
```

25~26행

agent로부터 받은 파라미터 "HeightVal"과 "WeightVal". 각각 신장과 체중의 값을 받습니다.

29행

BMI의 계산 처리. BMI 계산 공식은 다음과 같습니다.

체중(kg) ÷ (신장(m) × 신장(m))

신장은 센티미터로 응답받으므로 100으로 나눈 뒤 미터로 계산합니다. 처음부터 미터로 응답받을 수도 있지만 일반적으로 신장은 센티미터로 이야기하기 때문에 센티미터로 응답을 받습니다.

32행

표준 체중 계산. BMI의 표준값은 22로 정해져 있으므로 22를 곱하여 체중을 산출합니다.

34행

계산한 BMI를 ${myBMI}, 표준 체중을 ${stdWeight}에 대입합니다. 발화 내용을 설정합니다.

36행

Google Home의 발화를 설정합니다.

43행

이번 절 처음에 만든 "StartIntent"를 함수 bmi와 연결합니다.

package.json의 20행도 0.5.0에서 0.6.1로 변경합니다.

[package.json]

```
 1  {
 2      "name": "dialogflowFirebaseFulfillment",
 3      "description": "This is the default fulfillment for a Dialogflow agents using Cloud
    Functions for Firebase",
 4      "version": "0.0.1",
 5      "private": true,
 6      "license": "Apache Version 2.0",
 7      "author": "Google Inc.",
 8      "engines": {
 9          "node": "8"
10      },
11      "scripts": {
12          "start": "firebase serve --only functions:dialogflowFirebaseFulfillment",
13          "deploy": "firebase deploy --only functions:dialogflowFirebaseFulfillment"
14      },
15      "dependencies": {
16          "actions-on-google": "^2.2.0",
17          "firebase-admin": "^5.13.1",
18          "firebase-functions": "^2.0.2",
19          "dialogflow": "^0.6.0",
20          "dialogflow-fulfillment": "^0.6.1"
21      }
22  }
```

프로그램 수정이 끝나면 화면 오른쪽 아래에 있는 [DEPLOY] 버튼을 클릭합니다(화면 13). 디플로이가 끝나면 화면 13과 같이 디플로이 완료 시각이 표시됩니다.

[화면 13] [DEPLOY] 버튼 클릭

▶ 시뮬레이터에서 확인

설정이 모두 끝났으니 시뮬레이터에서 확인하겠습니다(화면 14). Integrations를 클릭하고 Google Assistant를 클릭합니다.

[화면 14] Integrations를 클릭하고 Google Assistant 클릭

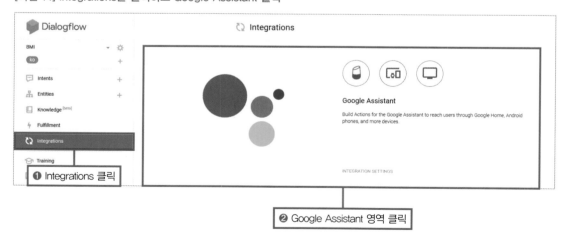

레이어 팝업이 나타나면 Explicit Invocation에서 처음에 실행할 Intent를 지정합니다(화면 15). 스킬을 실행하면 바로 신장을 물어보기 위해 "StartIntent"를 지정하고, "Auto-preview changes"를 활성화합니다. 화면 15와 같이 표시되면 [TEST] 버튼을 클릭합니다.

[화면 15] 최초 실행 Intent를 "StartIntent"로 지정

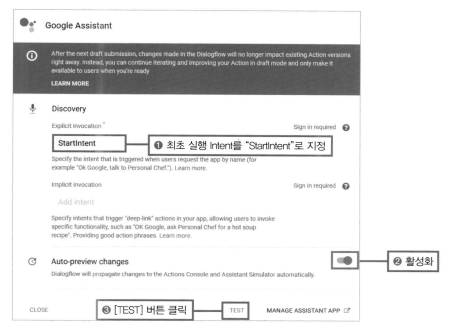

Actions on Google 화면으로 이동 후 상단 메뉴의 Develop을 클릭하면 나타나는 왼쪽 메뉴에서 Invocation을 클릭합니다(화면 16). BMI의 스킬이므로 Display name에 "BMI"를 입력합니다. 입력이 끝나면 화면 오른쪽 위의 [Save] 버튼을 클릭합니다.

[화면 16] Invocation 클릭 후 스킬 설정 진행

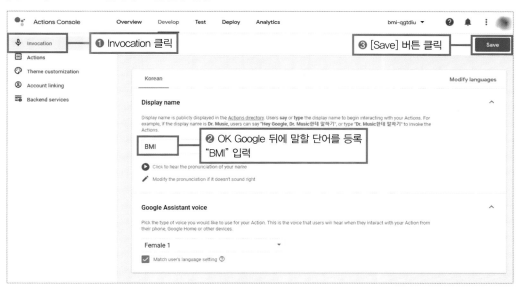

상단 메뉴의 Test를 클릭하면 나타나는 시뮬레이터 화면으로 이동한 후 "BMI한테 말하기"를 클릭합니다(화면 17). 이때 스킬이 제대로 실행되지 않으면 "Setting"를 클릭합니다. 자세한 설명은 2-4절의 칼럼을 참조하여 주세요.

[화면 17] "BMI한테 말하기" 클릭

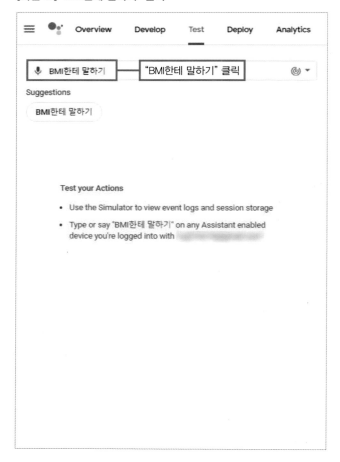

스킬이 실행되면 신장을 대답합니다(화면 18). 키보드로 숫자를 입력하고 엔터키를 누릅니다. 이어서 체중을 물어보면 체중을 입력하고 엔터키를 누릅니다. 그러면 입력한 값을 계산하여 결과를 말해 줍니다.

[화면 18] BMI 스킬 실행

5·2 BMI 측정 스킬 만들기
– Amazon Echo편

이번 절에서는 Amazon Echo로 BMI를 측정하는 스킬을 만들어 보겠습니다. Alexa Skills Kit을 사용하여 신장과 체중을 물어보는 방법을 설정합니다.

▶ BMI 측정 스킬 만들기

Alexa Skills Kit에 접속하여 새로운 스킬을 만듭니다(화면 1). [Create Skill] 버튼을 클릭합니다.

[화면 1] [Create Skill] 버튼 클릭

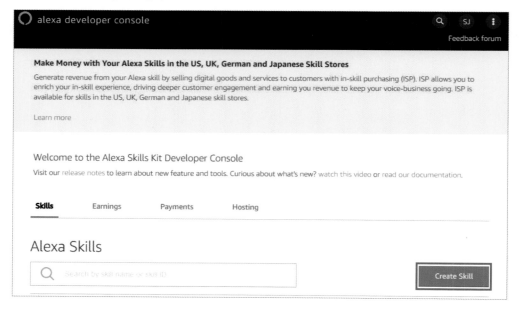

스킬 이름에 "BMI"를 입력하고 기본 언어는 "English"를 선택합니다(화면 2). 스킬에 추가할 모델은 "Custom"을 선택합니다. 오른쪽 위의 [Create skill] 버튼을 클릭합니다.

[화면 2] 스킬 이름을 "BMI"로 입력, 기본 언어는 "English" 선택, 모델은 "Custom" 선택 및 [Create Skill] 버튼 클릭

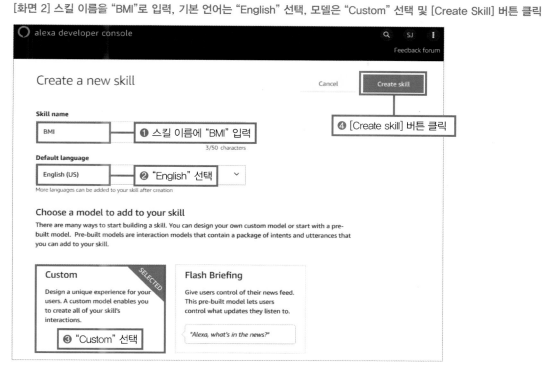

화면 3으로 이동하여 스킬의 호출명을 설정합니다. "1. Invocation Name 〉" 버튼을 클릭합니다.

[화면 3] "1. Invocation Name 〉" 버튼 클릭

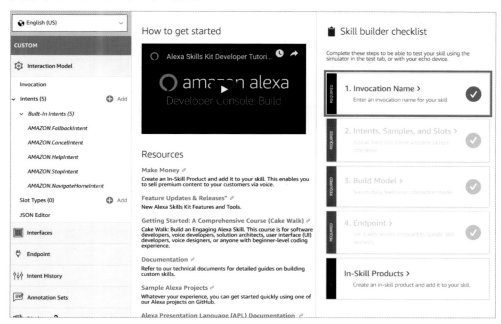

스킬 호출명을 "bmi call"이라고 입력합니다(화면 4). "bmi call"이 소문자인 이유는 Alexa에서 음성을 소문자로 인식하기 때문입니다.

[화면 4] 스킬의 호출에 "bmi call" 입력

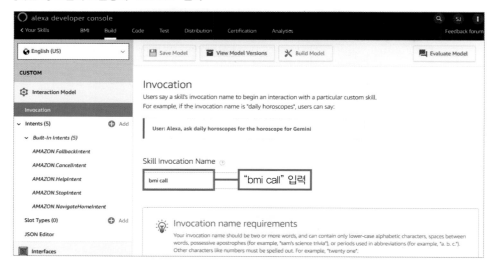

슬롯 만들기

측정을 시작하기 위한 "스타트"라는 단어와 그 단어에 반응하기 위한 슬롯을 만듭니다(화면 5). 슬롯 타입의 [+ Add] 버튼을 클릭하여 슬롯 이름에 "Startslot"이라고 입력합니다. 그리고 [Create custom slot types] 버튼을 클릭합니다.

[화면 5] Slot Types 옆의 [+ Add] 버튼을 클릭하여 "Startslot" 입력 후 [Create custom slot types] 버튼 클릭

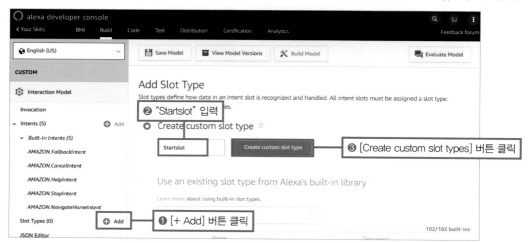

화면 6과 같이 BMI 측정을 시작하기 위한 여러 표현을 등록합니다. 생각할 수 있는 모든 표현을 등록합니다. 등록은 빈 칸에 단어를 입력하고 오른쪽에 있는 [+] 버튼을 클릭하면 됩니다.

[화면 6] 스타트의 여러 표현을 등록

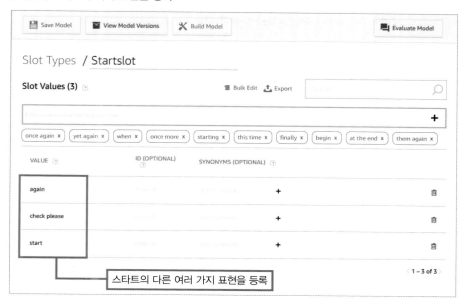

▶ 인텐트 만들기

이어서 인텐트를 만듭니다. 신장과 체중을 물어보기 위한 인텐트를 만들어 스킬에 대화의 흐름을 등록하겠습니다(화면 7).

인텐트의 오른쪽에 있는 [+ Add] 버튼을 클릭합니다. 커스텀 인텐트 생성 항목에 "StartIntent"를 입력하고 오른쪽에 있는 [Create custom intent] 버튼을 클릭합니다.

[화면 7] "StartIntent" 입력 후 [Create custom intent] 버튼 클릭

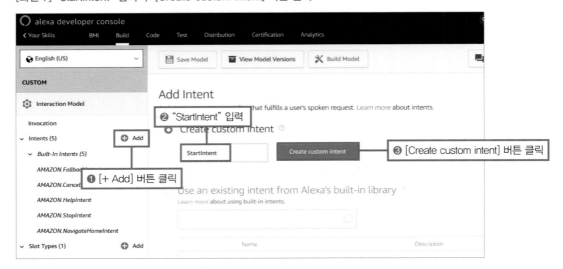

화면이 이동하면 인텐트 슬롯에 "HeightVal"을 입력하고 오른쪽의 [+] 버튼을 클릭합니다(화면 8).

[화면 8] "HeightVal" 입력하고 [+] 클릭

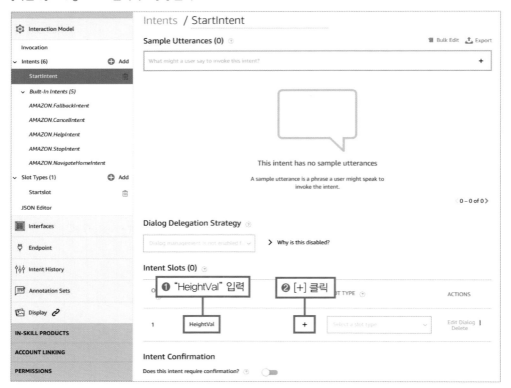

신장은 숫자로 받으므로 슬롯 타입은 "AMAZON.NUMBER"를 선택합니다(화면 9). "AMAZON.NUMBER"란 미리 시스템에 등록되어 있는 슬롯으로, 숫자와 관련된 값이 필요한 경우에 지정합니다. "AMAZON.NUMBER"를 선택하고 "Edit Dialog"를 클릭합니다.

[화면 9] "AMAZON.NUMBER"를 선택하고 "Edit Dialog" 클릭

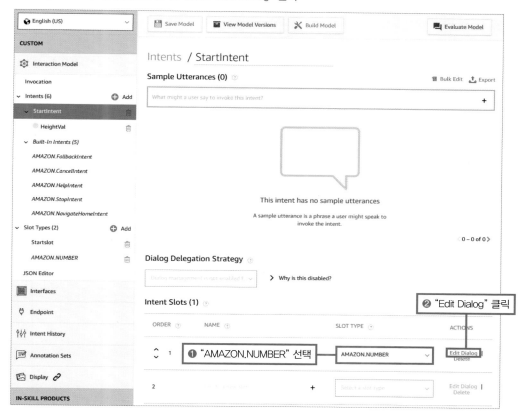

"Is this slot required to fulfill the intent?" 항목을 활성화합니다(화면 10). 활성화하면 이 질문에 답하지 않으면 다음 질문으로 넘어갈 수 없게 됩니다. 즉, 신장이 몇인지 대답하지 않으면 다음으로 넘어가지 않도록 설정하는 것입니다. Alexa 음성 프롬프트(Alexa speech prompts) 부분에 "Please answer your height."를 입력하고 스킬 이용자가 신장을 대답할 수 있는 내용을 입력합니다. [+]를 클릭하여 질문을 등록합니다.

[화면 10] 신장을 물어보는 내용을 입력

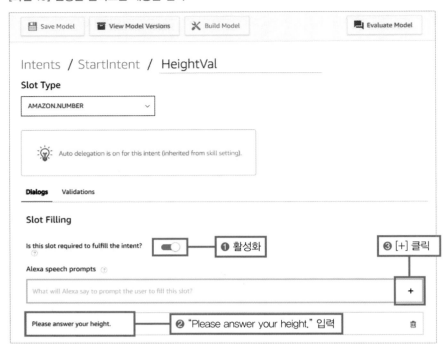

바로 아래에 있는 샘플 발화(User utterances) 부분에 "{"를 입력합니다(화면 11). 괄호를 입력하면 기존의 슬롯을 선택하는 팝업이 나타나는데 "HeightVal"을 클릭합니다.

[화면 11] "{"를 입력하고 "HeightVal"을 선택

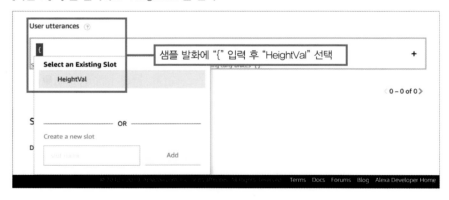

{HeightVal} 뒤에 한 칸 띄고 "centimeter"를 입력합니다(화면 12). 한 칸 띄는 이유는 Alexa의 사양은 공백을 입력하지 않으면 인식이 되지 않기 때문입니다. 스킬 이용자가 말한 숫자 값이 {HeightVal}에 대입됩니다.

[화면 12] "centimeter"로 대답할 수 있게 입력. 잊지 않고 "HeightVal" 뒤에 한 칸 띄운다

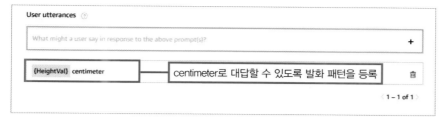

화면 왼쪽의 "StartIntent"를 클릭하여 인텐트 슬롯에 체중도 화면 13과 같이 설정합니다. 설정이 끝나면 "Edit Dialog"를 클릭합니다.

[화면 13] 같은 방법으로 체중도 등록

슬롯 입력을 필수로 바꾸고 Alexa 음성 프롬프트에 체중을 대답할 수 있는 내용을 입력합니다 (화면 14). 이번에는 "Please answer your weight."라고 입력합니다. 입력이 끝나면 [+] 버튼을 클릭하여 추가합니다.

[화면 14] 체중을 물어보는 내용 입력

샘플 발화에 "{"를 입력합니다(화면 15). 팝업이 표시되면 "WeightVal"을 선택합니다.

[화면 15] "{" 입력 후 "WeightVal" 선택

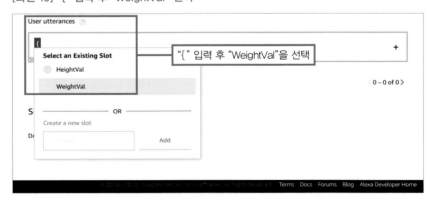

다른 단위를 커버할 수 있도록 "kilogram"을 체중을 대답할 때의 단어로 등록합니다(화면 16). {WeightVal} 뒤에 한 칸 띄우는 것을 잊지 않도록 합니다.

[화면 16] "kilogram" 입력. {WeightVal} 뒤에 한 칸 띄우는 것을 잊지 않도록 한다

왼쪽 메뉴의 "StartIntent"를 클릭하면 화면이 이동합니다. 인텐트 슬롯에 "Start"를 입력하고 [+]를 클릭 후 슬롯 타입으로 "Startslot"을 선택합니다(화면 17).

[화면 17] "Start"를 입력하고 "Startslot"을 선택

샘플 발화에 "{"를 입력하여 {Start}를 선택하고 [+] 버튼을 클릭합니다(화면 18). 이렇게 하면 스킬 사용자가 "스타트"라고 말할 때 "StartIntent"가 호출되어 인텐트 슬롯에 등록된 순서에 따라 신장과 체중의 정보를 묻는 동작을 수행합니다. 여기까지 진행이 되었으면 [Save Model] 버튼과 [Build Model] 버튼을 차례대로 클릭합니다.

이어서 스킬을 종료하기 위한 여러 표현을 등록합니다(화면 19). Built-in Intents에 있는 "AMAZON.StopIntent"를 클릭합니다. 샘플 발화에 스킬을 종료하기 위한 단어를 화면 19와 같이 등록합니다. 여기에서 언급하는 단어 이외에도 생각할 수 있는 단어를 등록해도 됩니다. 입력이 끝나면 [Save Model] 버튼과 [Build Model] 버튼을 차례대로 클릭합니다.

[화면 19] 스킬을 종료하기 위한 단어를 등록

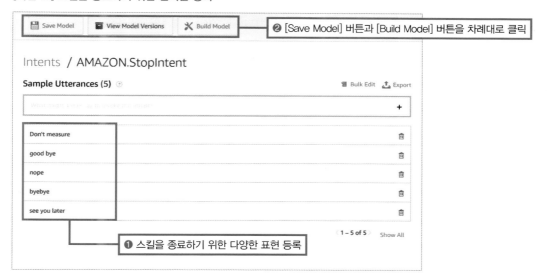

▶ Lambda 함수 만들기

이제부터는 AWS에 접속하여 Lambda 함수를 만들겠습니다. https://aws.amazon.com/ko/
에 접속하여 [콘솔에 로그인] 버튼을 클릭하여 로그인을 합니다. 로그인이 되면 AWS 서비스에서
Lambda를 선택하여 Lambda 화면으로 이동하면 [Create function] 버튼을 클릭합니다(화면
20).

[화면 20] Lambda에 접속하여 [Create function] 버튼 클릭

화면이 이동되면 "새로 작성"을 선택하고 함수 이름을 "BMISkill"이라고 입력하고 역할은 "기존
역할 사용"을 고릅니다(화면 21). 기존 역할은 "service-role/myAlexaRole"을 선택합니다. 끝으
로 화면 오른쪽 아래에 있는 [Create function] 버튼을 클릭합니다.

[화면 21] 함수명 "BMISkill" 입력 후 기존 역할에서 "myAlexaRole"을 선택하고 [Create function] 버튼 클릭

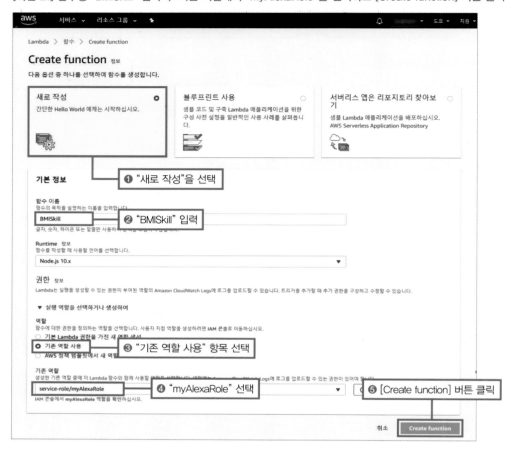

함수가 생성되면 트리거 추가에서 "Alexa Skills Kit"을 선택합니다(화면 22).

[화면 22] 트리거 추가에서 "Alexa Skills kit" 선택

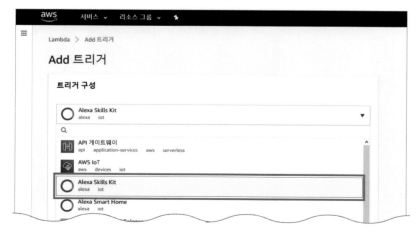

Amazon Developer 화면의 Endpoint에 있는 Your Skill ID를 복사하여 AWS Lambda 화면의 스킬 ID에 붙여 넣습니다(화면 23). 붙여 넣기를 한 뒤 [Add] 버튼을 클릭합니다.

[화면 23] Amazon Developer에서 스킬 ID 복사 후 AWS Lambda 화면의 스킬 ID에 붙여 넣기

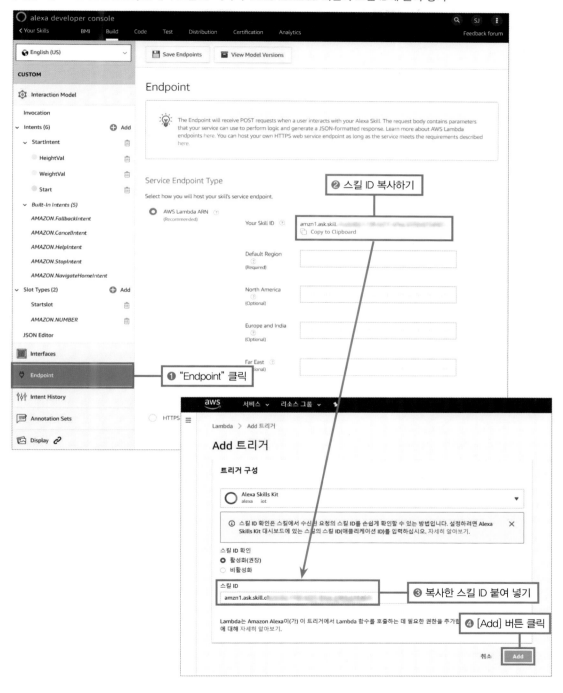

이어서 AWS Lambda와 Alexa Skills Kit의 연결을 설정합니다. 우선 AWS Lambda 를 저장하기 위해 오른쪽 위의 [Save] 버튼을 클릭합니다(화면 24). 저장이 완료되면 AWS Lambda의 ARN 값을 복사합니다. 복사하는 부분은 "arn:aws:lambda:ap-northeast-1:XXXXXXXX:function:BMISkill"입니다. 복사한 ARN 값을 Amazon Developer의 Default Region(Required)에 붙여 넣습니다. 붙여 넣기가 끝나면 반드시 [Save Endpoints] 버튼을 클릭합니다.

[화면 24] ARN 값을 복사하여 Amazon Developer의 Default Region에 붙여 넣기

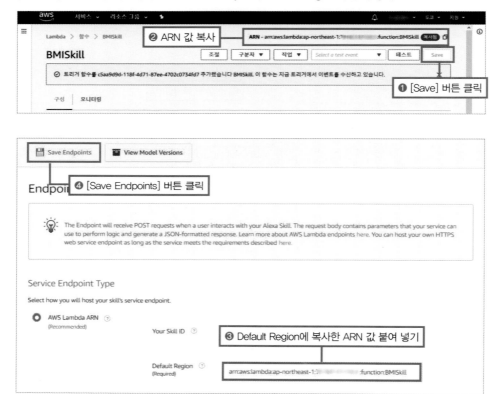

이것으로 Alexa Skills Kit과 AWS Lambda의 연결이 완료되었습니다. 이어서 BMI의 값을 계산하는 프로그램을 작성하겠습니다(화면 25). AWS Lambda 화면에 있는 "BMISkill"을 클릭하고 함수 코드의 Code entry type은 ".zip 파일 업로드"를 선택합니다. 함수 패키지의 [업로드] 버튼을 클릭하여 컴퓨터에 저장되어 있는 예제 파일 Alexa/alexa-hello.zip을 선택합니다. 선택이 끝나면 [Save] 버튼을 클릭합니다.

[화면 25] zip 파일을 선택하고 업로드 진행

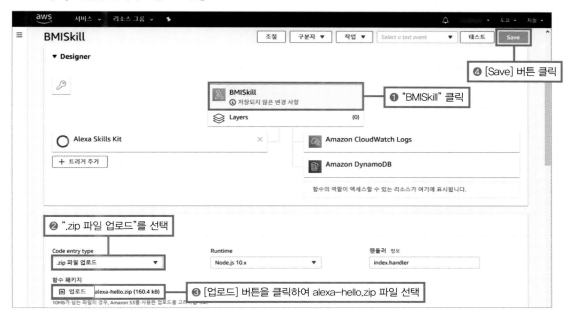

zip 파일 업로드가 완료되면 index.js를 수정합니다(화면 26). index.js의 내용을 일단 전부 삭제한 뒤 예제 파일 Alexa/BMI/BMI1.txt 내용을 붙여 넣고 화면 오른쪽 위의 [Save] 버튼을 클릭합니다.

[화면 26] index.js 수정

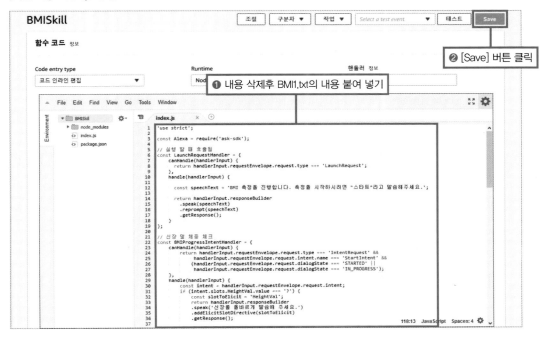

소스를 설명하겠습니다.

[index.js] (Alexa/BMI/BMI1.txt의 내용을 복사하여 붙여 넣기)

```
1   'use strict';
2
3   const Alexa = require('ask-sdk');
4
5   // 실행할 때 호출됨
6   const LaunchRequestHandler = {
7       canHandle(handlerInput) {
8         return handlerInput.requestEnvelope.request.type === 'LaunchRequest';
9       },
10      handle(handlerInput) {
11        const speechText = 'I will calculate your BMI. To start, say "Start".';
12
13        return handlerInput.responseBuilder
14          .speak(speechText)
15          .reprompt(speechText)
16          .getResponse();
17      }
18  };
19
20  // 신장 및 체중 체크
21  const BMIProgressIntentHandler = {
22      canHandle(handlerInput) {
23        return handlerInput.requestEnvelope.request.type === 'IntentRequest' &&
24            handlerInput.requestEnvelope.request.intent.name === 'StartIntent' &&
25          (handlerInput.requestEnvelope.request.dialogState === 'STARTED' ||
26            handlerInput.requestEnvelope.request.dialogState === 'IN_PROGRESS');
27      },
28      handle(handlerInput) {
29        const intent = handlerInput.requestEnvelope.request.intent;
30        if (intent.slots.HeightVal.value === '?') {
31            const slotToElicit = 'HeightVal';
32            return handlerInput.responseBuilder
33            .speak('Please answer your height by centimeter.')
34            .addElicitSlotDirective(slotToElicit)
35            .getResponse();
36
37        } else if (intent.slots.WeightVal.value === '?') {
38            const slotToElicit = 'WeightVal';
39            return handlerInput.responseBuilder
40            .speak('Please answer your weight by kilogram.')
```

```
41              .addElicitSlotDirective(slotToElicit)
42              .getResponse();
43
44         } else {
45              return handlerInput.responseBuilder
46              .addDelegateDirective()
47              .getResponse();
48         }
49     }
50 };
51
52 // 모든 슬롯이 입력되었을 때
53 const BMICompletedIntentHandler = {
54     canHandle(handlerInput) {
55         return handlerInput.requestEnvelope.request.type === 'IntentRequest' &&
56         handlerInput.requestEnvelope.request.intent.name === 'StartIntent' &&
57         handlerInput.requestEnvelope.request.dialogState === 'COMPLETED';
58     },
59     handle(handlerInput) {
60         const intent = handlerInput.requestEnvelope.request.intent;
61         const heightVal = intent.slots.HeightVal.value;
62         const weightVal = intent.slots.WeightVal.value;
63
64         // BMI 계산
65         const bmiVal = (parseFloat(weightVal) / (parseFloat(heightVal)/100 *
   parseFloat(heightVal)/100)).toFixed(1);
66
67         // 표준 체중
68         const stdWeight = (22 * (parseFloat(heightVal)/100 *
   parseFloat(heightVal)/100)).toFixed(1);
69
70         var speechText = 'Your BMI scale is ';
71         speechText += bmiVal;
72         speechText += '. For your height, ';
73         speechText += stdWeight;
74         speechText += 'kg is average weight. Say "Start" if you want to calculate once
   more.';
75
76         const repeatText = 'Say "Start" if you want to calculate once more.';
77
78         return handlerInput.responseBuilder
79              .speak(speechText)
80              .reprompt(repeatText)
```

```
81              .getResponse();
82      }
83  };
84
85  // 종료될 때 호출
86  const SessionEndedRequestHandler = {
87      canHandle(handlerInput) {
88        return handlerInput.requestEnvelope.request.type === 'SessionEndedRequest';
89      },
90      handle(handlerInput) {
91        return handlerInput.responseBuilder.getResponse();
92      }
93  };
94
95  // EndIntent
96  const EndHandler = {
97      canHandle(handlerInput) {
98          return handlerInput.requestEnvelope.request.type === 'IntentRequest' &&
99          handlerInput.requestEnvelope.request.intent.name === 'AMAZON.StopIntent';
100     },
101     handle(handlerInput) {
102         const speechText = 'I will stop calculating BMI scale. Bye!';
103
104         return handlerInput.responseBuilder
105             .speak(speechText)  /* reprompt가 없으므로 대화를 종료*/
106             .getResponse();
107     }
108 };
109
110 exports.handler = Alexa.SkillBuilders.standard()
111   .addRequestHandlers(
112     LaunchRequestHandler,
113     BMIProgressIntentHandler,
114     BMICompletedIntentHandler,
115     EndHandler,
116     SessionEndedRequestHandler)
117   .lambda();
```

6~18행

스킬이 호출될 때 실행됩니다.

11행

3-1절에서 설명한 인텐트의 리퀘스트 타입 "LaunchRequest"일 때에 "I will calculate your BMI. To start, say "Start"(BMI 측정을 진행합니다. 측정을 시작하시려면 "스타트"라고 말씀해 주세요.)"라고 처음에 말합니다.

21~50행

신장과 체중을 체크합니다. 인텐트의 리퀘스트 타입이 "IntentRequest"이고 인텐트 이름이 "StartIntent"이며, 신장과 체중을 물어보는 상태가 "STARTED"이거나 "IN_PROGRESS"일 때 호출됩니다. "STARTED"는 문자 그대로 값을 물어보기 시작한 상태입니다. 이 경우에는 Alexa가 "신장이 얼마인가요"라고 말하고 있는 상태를 말합니다. "IN_PROGRESS"는 필수 슬롯이 전부 채워지지 않은 상태입니다. 이번에는 체중도 물어보기 때문에 신장만 대답한 뒤라면 "IN_PROGRESS" 상태가 됩니다. 이런 구조를 다이얼로그 모드라고 합니다.

30행

HeightVal 값이 올바르게 대입되었는가를 체크합니다. 잘 듣지 못했다면 "?"가 HeightVal의 value 값으로 대입됩니다.

33행

"?"라면 값이 제대로 전달되지 않았으므로 "Please answer your height by centimeter(신장을 올바르게 말씀해 주세요.)"라고 말하도록 지정합니다.

37행

같은 방법으로 체중도 값이 올바르게 전달되지 않았을 경우의 처리를 기술합니다.

40행

"Please answer your weight by kilogram(체중을 올바르게 말씀해 주세요.)"라고 한번 더 스킬 이용자에게 정확한 대답을 하도록 유도합니다.

53~83행

BMI 값을 계산합니다.

57행

dialogState가 "COMPLETED"인 것은 모든 필수 슬롯이 채워진 상태입니다

61~62행

신장과 체중의 값을 전달받습니다.

65행

BMI를 계산합니다. 신장을 100으로 나누는 것은 신장을 센티미터로 물어봤기 때문이며 BMI 계산은 미터로만 계산하므로 미터로 변환합니다.

70~74행

문자열을 한 문장으로 연결합니다.

86~108행

스킬이 종료될 때의 처리를 설명합니다. 인텐트의 리퀘스트 타입이 "SessionsEndedRequest"인지를 체크하여 강제 종료할 때나 "byebye"라는 말에 반응하도록 합니다. "SessionEndedRequest"에 대해서는 3-1절에서 자세하게 설명하였습니다.

110~117행

이 프로그램이 작동하도록 등록합니다.

▶ 시뮬레이터에서 확인하기

이것으로 스킬을 실행할 준비가 끝났습니다. Amazon Developer 화면에 있는 Test를 클릭하고 "bmi call"을 입력하여 스킬이 작동하는지 확인합니다(화면 27). 스킬이 동작하지 않으면 엔드포인트가 올바르게 설정되어 있는지, 프로그램이 저장되어 있는지, 모델이 빌드되었는지를 체크합니다. 올바르게 작동이 되면 화면 27과 같이 됩니다.

[화면 27] 시뮬레이터에서 확인

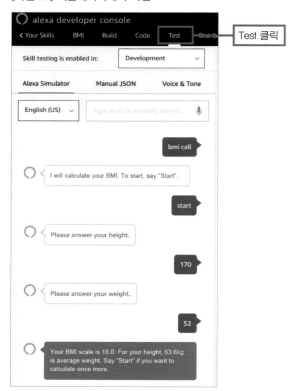

Chapter 5 세 가지 기종에 대응하는 스킬 개발

5·3 BMI 측정 스킬 만들기
– Naver Clova편

이번 절에서는 Naver Clova로 BMI 측정 스킬을 만들겠습니다. Clova Extensions Kit을 사용하여 신장과 체중을 물어보는 방법을 설정하겠습니다.

▶ BMI 측정 스킬 만들기

Clova Developers Console β에 접속하여 스킬 채널을 새로 만듭니다(화면 1). [Custom extension 만들기] 버튼을 클릭합니다.

[화면 1] [Custom Extension 만들기] 버튼 클릭

스킬의 기본 정보를 입력합니다. 타입은 "Custom"을 메뉴에서 선택합니다(화면 2). Extension ID는 "com.xxxxxx.bmi"로 하며 "xxxxxx" 부분은 원하는 대로 지정하면 됩니다. Extension 이름을 "BMI"로 입력하고 메인 호출 이름도 "BMI"로 입력합니다. 스킬 이름과 메인 호출 이름은 일치해야 합니다. 서브 호출 이름은 "bmi"를 소문자로 입력합니다. 여기에서 주의할 점은 소문자로 입력하는 것인데 Clova 기기에서 발화했을 때 소문자로 변환되기 때문에 소문자를 사용하고 있습니다. 서브 호출 이름은 메인 호출 이름만으로 커버할 수 없는 단어의 혼동을 방지하기 위한 기능입니다.

하지만 전혀 관계 없는 단어는 설정할 수 없습니다. 항목을 입력하면 [만들기] 버튼을 클릭합니다.

[화면 2] 스킬의 기본 정보를 입력하고 [만들기] 버튼 클릭

▶ Clova용 BMI 프로그램 만들기

AWS Lambda 페이지에 접속하여 함수를 만듭니다(화면 3). "새로 작성"을 선택하고 함수 이름을 "BMIClovaSkill"이라고 입력합니다. 역할은 "AWS 정책 템플릿에서 새 역할 생성"을 선택하고 역할 이름은 "myClovaDBRole"로 합니다. 정책 템플릿은 "단순 마이크로서비스 권한"을 선택합니다. 뒤에서 데이터베이스를 사용하므로 데이터베이스 접속 권한을 허가합니다.

[화면 3] 함수 새로 작성

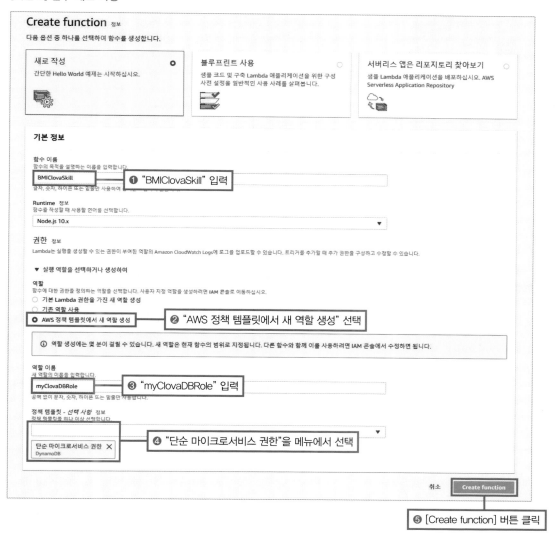

트리거 추가 페이지에서 "API 게이트웨이"를 클릭합니다(화면 4).

[화면 4] 트리거 추가 페이지에서 "API 게이트웨이" 클릭

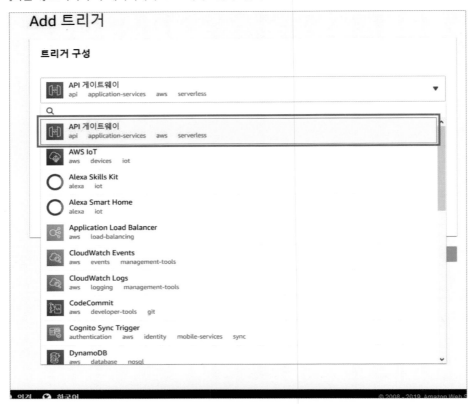

API는 메뉴에서 "새 API 생성"을 선택합니다(화면 5). 보안은 "열기"를 선택하고 API 이름은 "BMIClovaSkill-API"라고 입력합니다. 배포 단계는 "api"를 입력합니다. 모두 입력했다면 오른쪽 아래의 [Add] 버튼을 클릭합니다.

트리거 구성

API 게이트웨이
api   application-services   aws   serverless   ▼

프록시 통합 유형을 사용하여 API 게이트웨이 엔드포인트를 설정합니다(입력 및 출력 형식에 대해 자세히 알아보기). 메서드 (GET, POST 등)는 통합을 트리거합니다. 고급 메서드 매핑 또는 하위 경로를 설정하려면 Amazon API Gateway 콘솔을 참조하십시오.

API
API를 선택하거나 새로운 API를 생성합니다.

| 새 API 생성 |———— ❶ 메뉴에서 "새 API 생성"을 선택   ▼

보안
API 엔드포인트에 대한 보안 메커니즘을 구성합니다.

| 열기 |———— ❷ 메뉴에서 "열기"를 선택   ▼

경고: API 엔드포인트는 공개적으로 사용할 수 있으며 모든 사용자가 호출할 수 있습니다.

▼ 추가 세팅

API 이름
API를 고유하게 식별하려면 이름을 입력합니다.

| BMIClovaSkill-API |———— ❸ "BMIClovaSkill-API" 입력

배포 단계
API의 배포 단계 이름입니다.

| api |———— ❹ "api" 입력

CORS
프록시 통합에 대해 HTTP 접근 제어 (CORS)를 활성화하려면 출력 headers에 Access-Control-Allow-Origin: <domain_name>를 추가해야 합니다. <domain_name>은 모든 도메인 이름에 대해 *일 수 있습니다.

☐ **지표 및 오류 로깅 활성화**
　지연 시간/오류 지표를 내보내고 오류 수준으로 로깅합니다. 지표 및 로그는 표준 CloudWatch 요금으로 청구됩니다. 요청/응답 추적 및 사용자 지정 액세스 로깅과 같은 고급 기능을 구성하려면 API Gateway 콘솔로 이동하십시오.

이진 미디어 형식
이진 형식으로 처리할 미디어 형식을 지정하여 API의 이진 지원을 구성할 수 있습니다. API Gateway는 Content-Type 및 Accept 헤더를 살펴보고 본문의 처리 방식을 결정합니다. 브라우저의 응답(예: 태그)을 사용하려면 */*의 Content-Type를 지정합니다.

| image/png | | 제거 |

| 추가 |

Lambda는 Amazon API Gateway이(가) 이 트리거에서 Lambda 함수를 호출하는 데 필요한 권한을 추가합니다. Lambda 권한 모델에 대해 자세히 알아보기.

취소   **Add**

❺ [Add] 버튼 클릭

[저장] 버튼을 클릭하면 API 게이트웨이의 접속 URL이 생성되므로 복사해 둡니다(화면 6). Clova Developer Console의 "서버 설정"을 클릭합니다. 서버 설정에 있는 Extension 서버 URL에 복사해 둔 URL을 붙여 넣습니다. [저장] 버튼을 클릭하여 저장합니다.

[화면 6] Extension 서버 URL의 설정

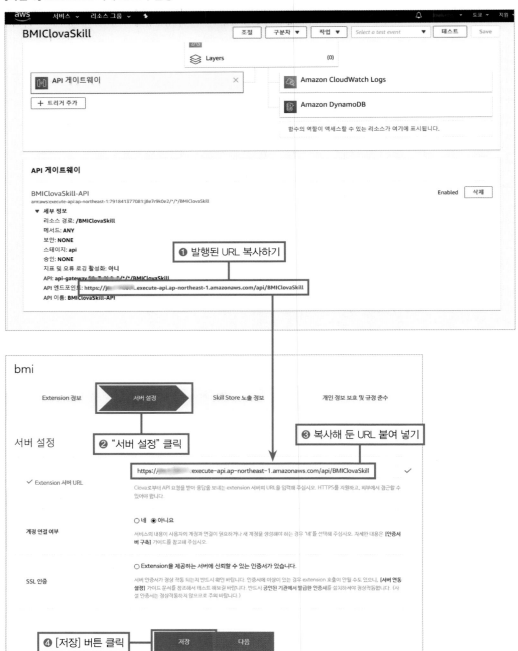

▶ 프로그램 만들기

Clova에서 전달받은 값을 해석하여 BMI를 계산하는 프로그램을 만들겠습니다.

AWS Lambda에서 "BMIClovaSkill"을 클릭합니다(화면 7). 함수 코드인 index.js에 예제 파일 NAVER/BMI/BMI1.txt의 내용을 붙여 넣어 코드를 수정합니다. 수정이 끝나면 오른쪽 위의 [Save] 버튼을 클릭합니다.

[화면 7] 코드 수정

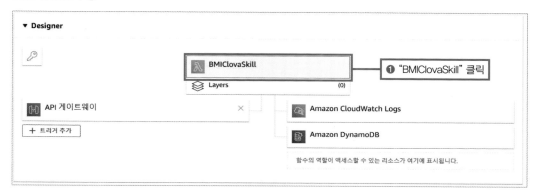

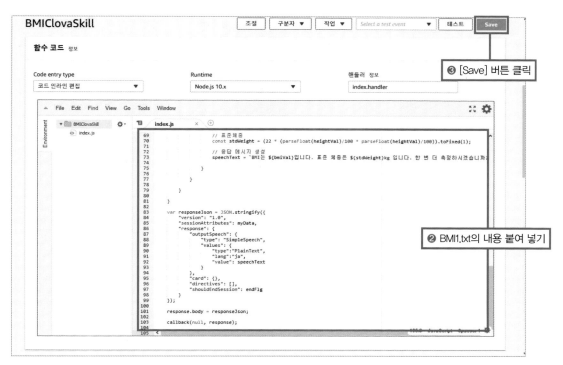

```
 1   'use strict';
 2
 3   exports.handler = function (event, context, callback) {
 4       var response = {
 5           statusCode: 200,
 6           headers: {},
 7           body: ""
 8       };
 9
10       var myData = {};
11
12       var speechText = "";
13       var requestJson = JSON.parse(event.body).request;
14       var sessionJson = JSON.parse(event.body).session;
15       var endFlg = false;
16
17       if (requestJson.type === 'LaunchRequest') {
18           // 실행될 때의 처리
19           speechText = 'BMI 측정입니다. 신장을 센티미터 단위로 말씀해 주세요.';
20
21       } else if (requestJson.type === 'SessionEndedRequest') {
22           // 세션이 끊어짐
23           speechText = '이용해 주셔서 감사합니다.';
24           endFlg = true;
25
26       } else if (requestJson.type === 'IntentRequest') {
27
28           if (requestJson.intent.name === 'EndIntent' ||
29               requestJson.intent.name === 'Clova.NoIntent' ||
30               requestJson.intent.name === 'Clova.CancellIntent') {
31               // 종료 처리
32               speechText = '이용해 주셔서 감사합니다.';
33               endFlg = true;
34
35           } else if (requestJson.intent.name === 'Clova.YesIntent') {
36               // "네"라고 대답했을 때
37               speechText = 'BMI 측정입니다. 신장을 센티미터 단위로 말씀해 주세요.';
38
39           } else if (requestJson.intent.name === 'Clova.GuideIntent') {
40               // 문의 메시지
```

```
41                speechText = 'BMI 측정입니다. 신장을 센티미터 단위로 말씀해 주세요.';
42
43          } else if (requestJson.intent.name === 'AnswerIntent') {
44
45              if (requestJson.intent.slots.answer === undefined) {
46
47                  // 데이터를 받아오지 못할 때
48                  speechText = '숫자를 정확하게 말씀해 주세요.';
49
50              } else {
51                  if (sessionJson.sessionAttributes.height === undefined || sessionJson.
    sessionAttributes.height === "") {
52
53                      // 신장 데이터 불러오기
54                      var myVal = requestJson.intent.slots.answer.value;
55
56                      myData.height = myVal;
57                      speechText = '체중을 말씀해 주세요.';
58
59                  } else if (sessionJson.sessionAttributes.weight === undefined ||
    sessionJson.sessionAttributes.weight === "") {
60                      // 체중 데이터 받아오기
61                      var weightVal = requestJson.intent.slots.answer.value;
62
63                      // 세션으로부터 신장 값 받아오기
64                      var heightVal = sessionJson.sessionAttributes.height;
65
66                      // BMI 계산
67                      const bmiVal = (parseFloat(weightVal) / (parseFloat(heightVal)/100
    * parseFloat(heightVal)/100)).toFixed(1);
68
69                      // 표준 체중
70                      const stdWeight = (22 * (parseFloat(heightVal)/100 *
    parseFloat(heightVal)/100)).toFixed(1);
71
72                      // 응답 메시지 생성
73                      speechText = 'BMI는 ${bmiVal}입니다. 표준 체중은 ${stdWeight}kg입
    니다. 한 번 더 측정하시겠습니까?';
74
75                  }
76
```

```
77                  }
78
79              }
80
81          }
82
83      var responseJson = JSON.stringify({
84          "version": "1.0",
85          "sessionAttributes": myData,
86          "response": {
87              "outputSpeech": {
88                  "type": "SimpleSpeech",
89                  "values": {
90                      "type":"PlainText",
91                      "lang":"ko",
92                      "value": speechText
93                  }
94              },
95              "card": {},
96              "directives": [],
97              "shouldEndSession": endFlg
98          }
99      });
100
101     response.body = responseJson;
102
103     callback(null, response);
104
105  };
```

17행

type이 스킬이 실행되었을 때의 상태인 "LaunchRequest"일 때, "BMI 측정입니다. 신장을 센티미터 단위로 말씀해 주세요."라고 발화하여 스킬이 실행되었을 때 사용자가 신장을 대답하게 합니다.

21행

무언가의 영향으로 세션이 만료되었을 때의 대응입니다.

28~33행

스킬을 종료하기 위한 처리입니다. 사용자가 "바이바이", "아니요", "취소"라고 말하면 호출됩니다.

39행

사용자가 "도와줘"라고 할 때 호출됩니다. BMI 측정 방법을 발화합니다. "Clova.GuideIntent"에 "도와줘"라는 단어가 등록되어 있습니다.

45행

사용자가 숫자 이외의 단어로 대답했을 때 호출됩니다. 정확하게 숫자로 말할 수 있도록 유도합니다.

51~57행

세션에 신장 값이 없으면 신장 값을 전달받습니다. 슬롯에 있는 숫자를 전달받고, 전달받은 숫자를 세션에 일시적으로 저장합니다. 이어서 체중을 물어보는 단어를 발화합니다.

59~73행

체중의 수치를 슬롯에서 전달받습니다. 세션에 일시적으로 저장되어 있는 신장의 수치를 전달받아 BMI와 표준 체중을 계산합니다. 끝으로 결과를 발화합니다.

85행

Clova에게 세션에서 반환할 값을 지정합니다. 신장 데이터를 일시적으로 저장해 두기 위한 설정입니다. "sessionAttributes"에 값을 설정하는 Clova 사양입니다.

Clova Developer Console을 열고 "Skill Store 노출 정보"를 클릭합니다(화면 8). Skill Store 노출 정보를 입력하고 아이콘은 예제 파일 NAVER/BMI/icon.png를 사용합니다. 입력이 끝나면 [다음] 버튼을 클릭합니다.

[화면 8] Skill Store 노출 정보 입력

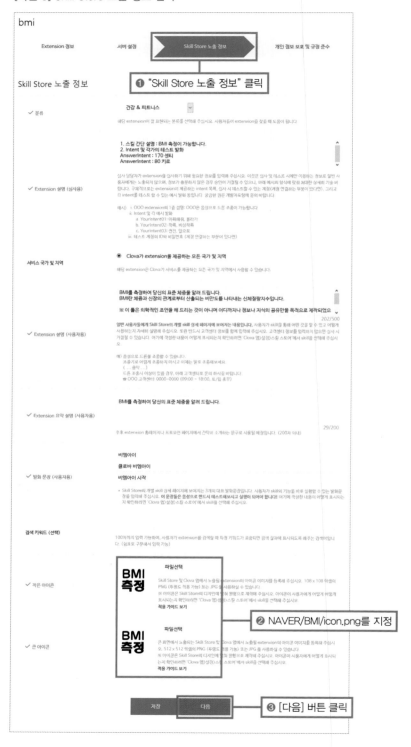

Chapter 5 세 가지 기종에 대응하는 스킬 개발

개인 정보 보호 및 규정 준수 페이지에서 구매/지불 기능 존재 여부와 개인 정보 수집 여부는 "아니요"를, 미성년자 사용 가능 여부는 "네"를 선택하고 [Interaction 모델] 버튼을 클릭합니다(화면 9).

[화면 9] "네/아니요" 선택 후 [Interaction 모델] 클릭

▶ 대화 모델 만들기

신장과 체중을 물어보기 위한 대화 모델을 만들겠습니다(화면 10). 등록된 slot 타입의 [+] 버튼을 눌러 새로운 슬롯 타입을 생성합니다. Built-in Slot 타입은 Clova 시스템에서 만들어 둔 슬롯 타입으로 날짜나 도시 이름을 가져오는 등 편리한 슬롯이 여러 가지 존재합니다. 이번에는 신장과 체중을 숫자로 받아오기 때문에 "CLOVA.NUMBER"에 체크하고 오른쪽 위의 [저장] 버튼을 잊지 않고 클릭합니다. 저장을 하고 Built-in Slot 타입을 보면 "CLOVA.NUMBER"가 생성된 것을 볼 수 있습니다.

[화면 10] "CLOVA.NUMBER"를 체크하고 [저장] 버튼 클릭

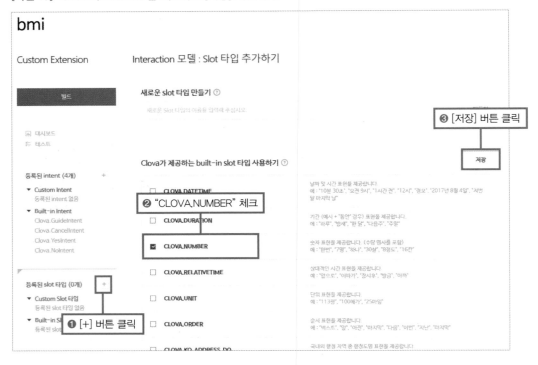

새로운 커스텀 인텐트를 만들겠습니다. 인텐트 이름으로 "AnswerIntent"를 입력하고 [만들기] 버튼을 클릭합니다. 대소문자에 주의하여 입력합니다(화면 11).

[화면 11] 새로운 커스텀 인텐트 생성

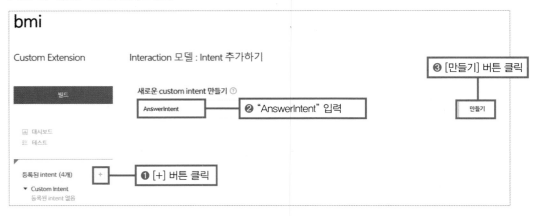

Slot 목록에 "answer"를 입력하고 엔터키를 누릅니다. Slot 타입은 "CLOVA.NUMBER"를 메뉴에서 선택합니다. 발화 예시 목록에는 킬로그램이나 센티미터에 대응할 수 있는 목록을 화면 12와

같이 등록합니다. 숫자 부분을 더블 클릭하면 표시되는 팝업 메뉴에서 "answer"를 선택합니다. 발화 예시 목록을 등록했다면 오른쪽 위의 [저장] 버튼을 잊지 않고 클릭합니다. 저장이 완료되면 왼쪽 위의 [빌드] 버튼을 클릭합니다.

[화면 12] 값을 전달받기 위한 발화 리스트 등록

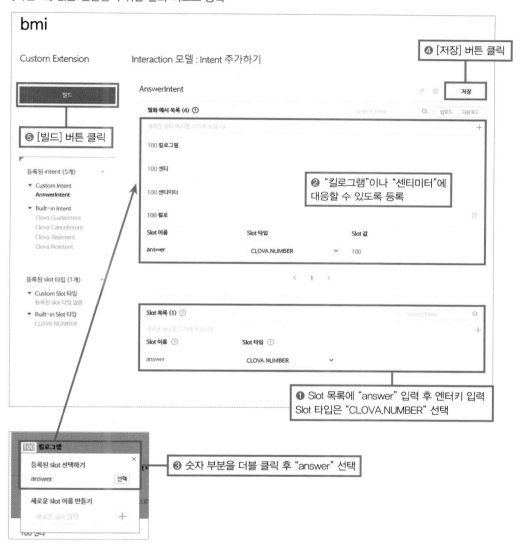

빌드가 끝나면 Clova 기기에게 "클로바야 BMI에 연결해 줘"라고 말해 봅니다. 스킬이 실행될 때의 "LaunchRequest"가 반응하여 "BMI를 측정하겠습니다. 신장과 체중을 말해 주세요"라고 발화합니다. 스킬이 제대로 작동하는지 확인합니다.

5 4 이상적인 체중의 산출 기능 추가 – Google Home편

BMI 측정에 새로운 기능을 추가하겠습니다. 신장 데이터를 가지고 이상적인 체중을 산출하는 기능입니다. 이번 절에서는 신장 데이터의 보존 방법이나 그 활용 방법을 설명하겠습니다.

▶ 이상적인 체중을 산출하는 기능 추가하기

Dialogflow 화면을 열고 "BMIVal"라는 이름의 새로운 Entity를 추가합니다(화면 1). 22, 20, 18, 17은 이상적인 체중을 산출하기 위한 값입니다. BMI의 표준 값은 22입니다. 20이 이상적인 값이고 18은 신데렐라 체형이며 17은 모델 체형입니다. 이 수치와 반응하는 단어를 연결합니다.

[화면 1] BMI 값에 대응하는 단어 연결

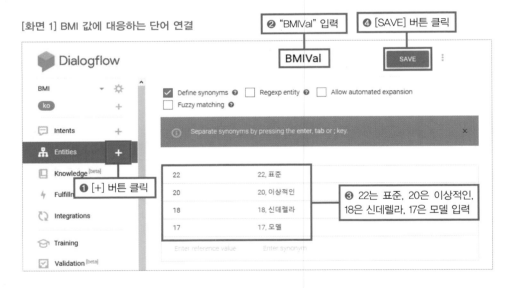

Intents의 [+] 버튼을 클릭하여 "BMIType"이라는 이름의 새로운 Intent를 만듭니다(화면 2). Training phrases에 "이상적인 체중을 말해줘"라고 입력하고 엔터키를 누릅니다. 노랗게 칠해진 부분에 "표준"이나 "신데렐라"라는 단어가 들어옵니다.

Action and parameters에 이미 "BMIVal"이나 "@BMIVal", "$BMIVal"이 입력되어 있

습니다. 그 아래에 "BMIValWord", "@BMIVal", "$BMIVal.original"을 각각 입력합니다. "$BMIVal"은 Entity의 숫자 부분이 대입되고, "$BMIVal.original"에는 "표준"이나 "신데렐라"라는 단어가 대입됩니다.

　　Fulfillment의 webhook의 설정을 활성화하고 오른쪽 위의 [SAVE] 버튼을 클릭합니다.

[화면 2] BMIType 설정

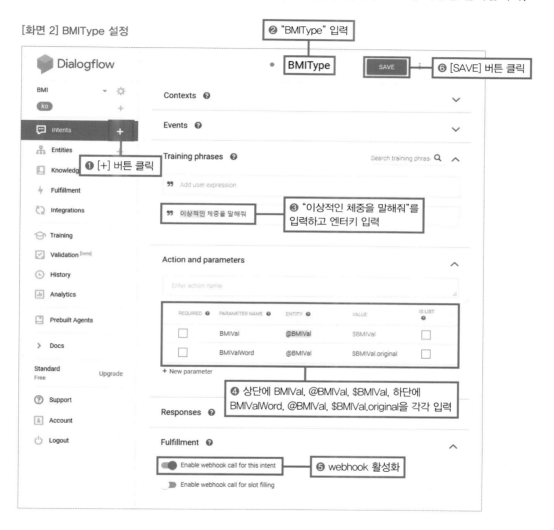

▶ 프로그램 수정하기

　　Fulfillment의 index.js를 수정합니다(화면 3). GoogleHome/BMI/BMI2.txt의 내용을 복사하여 붙여 넣고 [DEPLOY] 버튼을 클릭합니다.

[화면 3] GoogleHome/BMI/BMI2.txt의 내용을 붙여 넣은 뒤 [DEPLOY] 버튼 클릭

BMI2.txt의 소스를 설명하겠습니다.

[index.js] (GoogleHome/BMI/BMI2.txt의 내용을 복사하여 붙여 넣기)

```
1   'use strict';
2
3   const functions = require('firebase-functions');
4   const {WebhookClient} = require('dialogflow-fulfillment');
5   const {Card, Suggestion} = require('dialogflow-fulfillment');
6
7   process.env.DEBUG = 'dialogflow:debug'; // enables lib debugging statements
8
9   exports.dialogflowFirebaseFulfillment = functions.https.onRequest((request, response)
    => {
10    const agent = new WebhookClient({ request, response });
11    console.log('Dialogflow Request headers: ' + JSON.stringify(request.headers));
12    console.log('Dialogflow Request body: ' + JSON.stringify(request.body));
13
14    function welcome(agent) {
15      agent.add('Welcome to my agent!');
16    }
```

```
17
18      function fallback(agent) {
19        agent.add('I didn't understand');
20        agent.add('I'm sorry, can you try again?');
21      }
22
23      function bmi(agent) {
24          let conv = agent.conv();
25          const heightVal = conv.parameters['HeightVal'];
26          const weightVal = conv.parameters['WeightVal'];
27
28          // BMI 값 계산
29          const myBMI = (parseFloat(weightVal) / (parseFloat(heightVal)/100 *
        parseFloat(heightVal)/100)).toFixed(1);
30
31          // 표준 체중
32          const stdWeight = (22 * (parseFloat(heightVal)/100 * parseFloat(heightVal)/100)).
        toFixed(1);
33
34          const speak = 'BMI는 ${myBMI}입니다. 표준 체중은 ${stdWeight}kg입니다. 다시 한 번
        측정하시겠습니까?';
35
36          // 스토리지에 신장 데이터를 저장
37          conv.user.storage.HeightVal = heightVal;
38
39          conv.ask(speak);
40          agent.add(conv);
41      }
42
43      function bmiType(agent) {
44          let conv = agent.conv();
45
46          // 스토리지에서 신장 데이터를 가져옴
47          const heightVal = conv.user.storage.HeightVal;
48
49          const weightVal = conv.parameters['BMIVal'];
50          const word = conv.parameters['BMIValWord'];
51
52          if (heightVal === undefined) {
53            conv.ask('신장 데이터가 등록되어 있지 않습니다.');
54
55          } else if (weightVal === '') {
56            conv.ask('정확한 값을 말씀해 주세요.');
57
```

```
58        } else {
59        // 이상적인 체중
60        const targetBMI = (parseFloat(weightVal) * (parseFloat(heightVal)/100 *
    parseFloat(heightVal)/100)).toFixed(1);
61        conv.ask('${word} 체중은 ${targetBMI}kg입니다.');
62
63        }
64        agent.add(conv);
65   }
66
67   let intentMap = new Map();
68   intentMap.set('Default Welcome Intent', welcome);
69   intentMap.set('Default Fallback Intent', fallback);
70   intentMap.set('StartIntent', bmi);
71   intentMap.set('BMIType', bmiType);
72   agent.handleRequest(intentMap);
73 });
```

37행

스토리지에 신장 데이터를 저장합니다. 클라우드에 영구적으로 저장하는 기능으로, 영구적이라 해도 100일간 스킬을 전혀 실행하지 않으면 삭제되므로 주의하세요. "conv.user.storage.HeightVal"의 뒤에 있는 HeightVal은 저장할 위치를 말합니다. 스토리지의 HeightVal이라는 이름에 전달받은 신장 데이터를 저장합니다.

43~65행

이상적인 체중을 산출합니다. 스토리지 데이터에 저장되어 있는 신장 데이터를 전달받아 BMIVal에 저장되어 있는 BMI 값을 전달받습니다. "BMIValWord"에 "표준", "이상적인", "신데렐라", "모델" 중 하나의 단어를 저장합니다.

53행

신장 데이터가 저장되어 있는지 체크합니다. 신장 데이터가 저장되는 타이밍은 한 번이라도 BMI 측정을 실행한 타이밍입니다. 한 번도 BMI 측정을 하지 않고 이상적인 체중을 요구하면 신장 데이터가 없으므로 제대로 작동하지 않습니다. 프로그램을 변경하여 이상적인 체중 기능을 테스트할 때는 BMI 측정을 하게 합니다.

60행

지정한 BMI 값으로부터 체중을 산출합니다.

71행

BMIType 인텐트로 작동되는 프로그램을 지정합니다.

▶ 시뮬레이터에서 확인하기

Integrations에서 Google Assistant를 클릭하여 팝업을 열고 [TEST] 버튼을 클릭합니다. Actions on Google 화면으로 전환되어 시뮬레이터 화면이 나타납니다.

프로그램을 수정하고 처음 실행하는 것이므로 BMI 측정을 먼저 진행합니다. 이것으로 스토리지에 신장 데이터가 저장됩니다. 데이터가 올바르게 저장되었는지 확인하려면 두 번째 대화창을 열어 REQUEST 탭을 봅니다. "userStorage" 항목에 HeightVal 값이 표시되는지 확인합니다 (화면 4).

[화면 4] userStorage 확인 방법

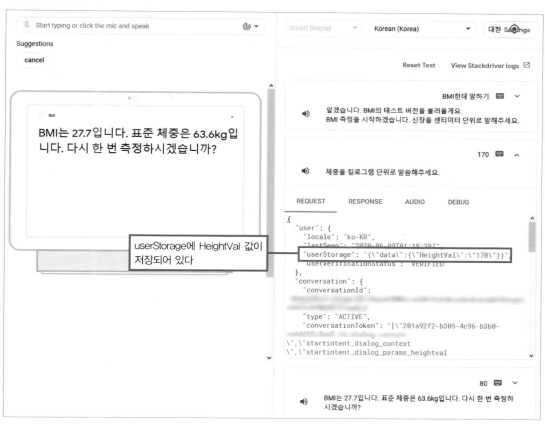

BMI 스킬을 실행하고 바로 "이상적인 체중을 말해줘"라고 입력합니다. 저장되어 있는 신장 데이터를 이용해 이상적인 체중 BMI 값인 20을 바탕으로 계산합니다. 이 밖에 신데렐라나 모델 체중을 입력하여 얼마인지 확인해 봅니다(화면 5).

[화면 5] 이상적인 체중의 동작

Chapter 5 세 가지 기종에 대응하는 스킬 개발

5-5 이상적인 체중의 산출 기능 추가 – Amazon Echo편

Amazon Echo의 BMI 측정에도 새로운 기능을 추가하겠습니다. 신장 데이터를 가지고 이상적인 체중을 산출하는 기능입니다. 이번 절에서는 신장 데이터의 보존 방법이나 그 활용 방법을 설명합니다.

▶ 신장 데이터를 DynamoDB(다이나모 디비)에 저장하기

신장 데이터를 영구적으로 저장하기 위해서 데이터베이스에 저장하는 구조를 사용합니다. Amazon에는 AWS의 기능에 DynamoDB(다이나모 디비)라는 데이터베이스 서비스가 있습니다. Amazon Echo에는 사용자를 판별하는 사용자 ID가 스킬마다 하나의 값이 부여됩니다. 이 사용자 ID를 바탕으로 값을 데이터베이스에 저장하는 구조입니다.

DynamoDB를 이용하기 위해 접속 권한을 부여할 필요가 있습니다. AWS에 접속하여 서비스 찾기에서 "IAM"을 검색하여 클릭합니다(화면 1).

[화면 1] "IAM" 서비스 검색 후 클릭

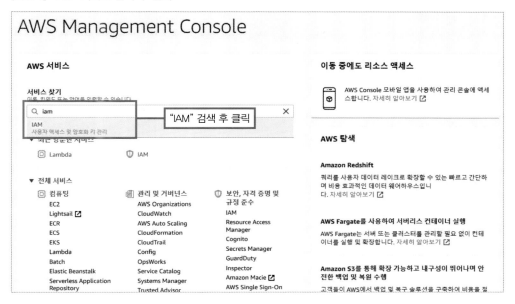

"IAM"이란 AWS 서비스에 접속 허가 권한을 관리하는 기능입니다. 3-4절에서 "myAlexaRole"을 만들었는데 이것이 IAM입니다. 데이터베이스에 접속하기 위한 권한이나 로그 파일을 읽고 쓰는 권한을 부여합니다.

DynamoDB는 테이블이라고 하는 저장 공간을 새로 만듭니다. 지금 부여된 권한만으로는 신규 테이블을 만들 수 없습니다. 테이블을 새로 만들기 위한 권한을 IAM에서 부여합니다. 화면 2의 왼쪽 메뉴에 있는 역할을 클릭하고 "myAlexaRole"을 클릭합니다.

[화면 2] "myAlexaRole" 선택

AWSLambdaMicroserviceExecutionRole 옆의 ▼ 마크를 클릭하여 리스트를 확장합니다 (화면 3). [정책 편집] 버튼을 클릭합니다.

[화면 3] AWSLambdaMicroserviceExecutionRole의 [정책 편집] 버튼 클릭

DynamoDB 옆의 ▼ 마크를 클릭하여 리스트를 확장하고(화면 4) 중앙에 있는 작업 부분을 클릭합니다.

[화면 4] 작업 클릭

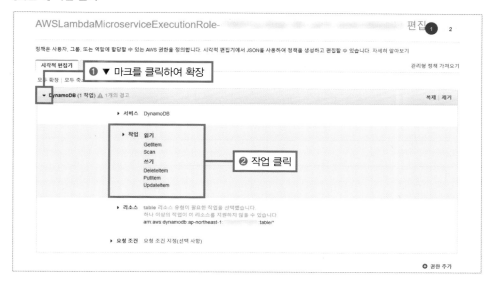

작업 표시가 바뀌면 액세스 레벨 항목의 쓰기의 ▼ 마크를 클릭하여 메뉴를 확장합니다(화면 5). 그중에서 "CreateTable"에 체크를 합니다. 이것으로 테이블을 생성하기 위한 권한이 부여됩니다. 이미 값의 수정이나 삭제에 대한 권한은 부여되어 있습니다. 끝으로 오른쪽 아래의 [정책 검토]를 클릭합니다.

[화면 5] "CreateTable"을 체크하고 [정책 검토] 클릭

화면이 바뀌면 오른쪽 아래의 [변경 내용을 저장합니다] 버튼을 클릭합니다(화면 6).

[화면 6] [변경 내용을 저장합니다] 버튼 클릭

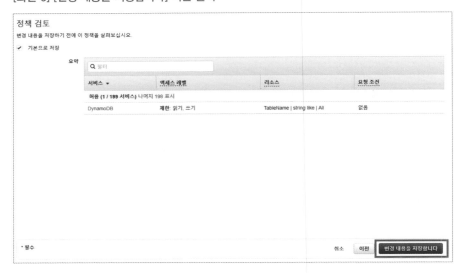

프로그램 수정하기

이것으로 DynamoDB에 데이터를 쓸 준비가 되었습니다. 이어서 프로그램을 수정하겠습니다. DynamoDB에 테이블을 생성하는 처리를 기술합니다.

Lambda에서 BMISkill을 선택하여 index.js 수정 화면을 엽니다. Alexa/BMI/BMI2-1.txt의 내용을 복사하여 Index.js에 붙여 넣습니다.

소스를 설명하도록 하겠습니다.

[index.js] (Alexa/BMI/BMI2-1.txt 내용을 복사해서 붙여 넣기)

```
1   'use strict';
2
3   const Alexa = require('ask-sdk');
4
5   // 실행할 때 호출됨
6   const LaunchRequestHandler = {
7       canHandle(handlerInput) {
8           return handlerInput.requestEnvelope.request.type === 'LaunchRequest';
9       },
10      handle(handlerInput) {
```

```
11        const speechText = 'I will calculate your BMI. To start, say "Start".';
12
13        return new Promise((resolve, reject) => {
14
15            // DynamoDB에 테이블 생성
16            handlerInput.attributesManager.getPersistentAttributes()
17              .then((attributes) => {
18
19                // 세션에 값을 전달
20                handlerInput.attributesManager.setSessionAttributes(attributes);
21
22                // 테이블 생성 후 speechText를 말하게 함
23                resolve(handlerInput.responseBuilder
24                  .speak(speechText)
25                  .reprompt(speechText)
26                  .getResponse());
27
28            })
29            .catch((error) => {
30              reject(error);
31            });
32        });
33    }
34  };
35
36  // 신장 및 체중 체크
37  const BMIProgressIntentHandler = {
38      canHandle(handlerInput) {
39          return handlerInput.requestEnvelope.request.type === 'IntentRequest' &&
40              handlerInput.requestEnvelope.request.intent.name === 'StartIntent' &&
41              (handlerInput.requestEnvelope.request.dialogState === 'STARTED' ||
42              handlerInput.requestEnvelope.request.dialogState === 'IN_PROGRESS');
43      },
44      handle(handlerInput) {
45          const intent = handlerInput.requestEnvelope.request.intent;
46          if (intent.slots.HeightVal.value === '?') {
47              const slotToElicit = 'HeightVal';
48              return handlerInput.responseBuilder
49              .speak('Please answer your height by centimeter.')
50              .addElicitSlotDirective(slotToElicit)
51              .getResponse();
52
53          } else if (intent.slots.WeightVal.value === '?') {
```

```
54              const slotToElicit = 'WeightVal';
55              return handlerInput.responseBuilder
56                  .speak('Please answer your weight by kilogram.')
57                  .addElicitSlotDirective(slotToElicit)
58                  .getResponse();
59
60          } else {
61              return handlerInput.responseBuilder
62                  .addDelegateDirective()
63                  .getResponse();
64          }
65      }
66  };
67
68  // 모든 슬롯이 입력되었을 때
69  const BMICompletedIntentHandler = {
70      canHandle(handlerInput) {
71          return handlerInput.requestEnvelope.request.type === 'IntentRequest' &&
72          handlerInput.requestEnvelope.request.intent.name === 'StartIntent' &&
73          handlerInput.requestEnvelope.request.dialogState === 'COMPLETED';
74      },
75      handle(handlerInput) {
76          const intent = handlerInput.requestEnvelope.request.intent;
77          const heightVal = intent.slots.HeightVal.value;
78          const weightVal = intent.slots.WeightVal.value;
79
80          // BMI 계산
81          const bmiVal = (parseFloat(weightVal) / (parseFloat(heightVal)/100 *
    parseFloat(heightVal)/100)).toFixed(1);
82
83          // 표준 체중
84          const stdWeight = (22 * (parseFloat(heightVal)/100 *
    parseFloat(heightVal)/100)).toFixed(1);
85
86          // 응답 메시지 생성
87          const speechText = 'Your BMI scale is ' + bmiVal + '. For your height ' +
    stdWeight + 'kg is average weight. Say "Start" if you want to calculate once more.';
88
89          // 반복 메시지
90          const repeatText = 'Say "Start" if you want to calculate once more.';
91
92          return new Promise((resolve, reject) => {
93              handlerInput.attributesManager.getPersistentAttributes()
94                  .then((attributes) => {
```

```
95              // 저장
96              attributes.HeightVal = heightVal;
97
98              // 세션에 값을 전달
99              handlerInput.attributesManager.setSessionAttributes(attributes);
100
101             handlerInput.attributesManager
102                .setPersistentAttributes(attributes);
103             return handlerInput.attributesManager.savePersistentAttributes();
104
105           })
106           .then(() => {
107             resolve(handlerInput.responseBuilder
108                .speak(speechText)
109                .reprompt(repeatText)
110                .getResponse());
111           })
112           .catch((error) => {
113             reject(error);
114           });
115       });
116     }
117 };
118
119 // 종료될 때 호출
120 const SessionEndedRequestHandler = {
121     canHandle(handlerInput) {
122       return handlerInput.requestEnvelope.request.type === 'SessionEndedRequest';
123     },
124     handle(handlerInput) {
125       return handlerInput.responseBuilder.getResponse();
126     }
127 };
128
129 // EndIntent
130 const EndHandler = {
131     canHandle(handlerInput) {
132         return handlerInput.requestEnvelope.request.type === 'IntentRequest' &&
133         handlerInput.requestEnvelope.request.intent.name === 'AMAZON.StopIntent';
134     },
135     handle(handlerInput) {
136         const speechText = 'I will stop calculating BMI scale. Bye!';
137
138         return handlerInput.responseBuilder
```

```
139              .speak(speechText)  /* reprompt가 없으므로 대화를 종료*/
140              .getResponse();
141        }
142  };
143
144  exports.handler = Alexa.SkillBuilders.standard()
145      .addRequestHandlers(
146        LaunchRequestHandler,
147        BMIProgressIntentHandler,
148        BMICompletedIntentHandler,
149        EndHandler,
150        SessionEndedRequestHandler)
151      .withTableName("HeightData")      /* 테이블 생성 */
152      .withAutoCreateTable(true)        /* 테이블 자동 생성 */
153      .lambda();
```

16행

저장된 신장 데이터 값을 받아옵니다.

20행

받아온 신장 데이터를 세션이라는 곳에 저장합니다. 세션이란 스킬이 접속해서 종료될 때까지 값을 저장하고 있는 기능입니다. 데이터베이스에 매번 접속하면 처리 부담이 발생하기 때문에 세션에 임시로 저장해 둡니다.

151행

생성한 테이블 이름을 지정합니다.

152행

자동으로 테이블이 생성되는 설정을 기술합니다. 이것으로 스킬이 실행되면 테이블이 없는 경우에 HeightData 테이블이 자동으로 생성됩니다.

프로그램 수정이 끝나면 [Save] 버튼을 클릭합니다(화면 7).

[화면 7] 프로그램을 수정하고 [Save] 버튼 클릭

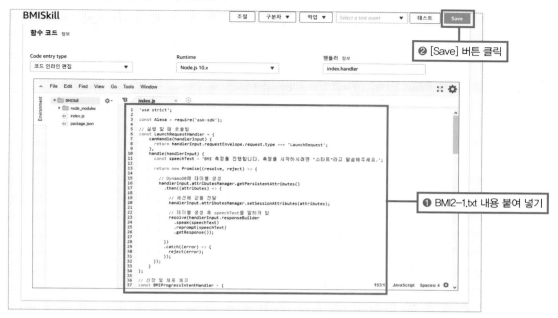

저장이 완료되면 시뮬레이터로 동작을 확인합니다. BMI 측정 순서대로 실행하면서 에러가 생기지 않는지 확인합니다. Amazon Developer에서 테스트 탭을 클릭하여 BMI 스킬을 실행합니다 (화면 8).

[화면 8] 시뮬레이터에서 확인

스킬이 실행되면 DynamoDB에 데이터가 제대로 생성되는지 확인합니다. AWS의 서비스에서 "DynamoDB"를 검색하여 클릭합니다(화면 9).

[화면 9] AWS 서비스에서 "DynamoDB"를 검색하여 클릭

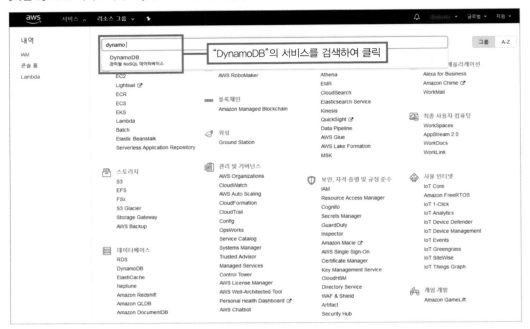

DynamoDB 화면으로 바뀌면 왼쪽 메뉴에 있는 테이블을 클릭하여 생성된 "HeightData"를 클릭합니다(화면 10). 오른쪽 메뉴가 슬라이드되면서 나타나는데 그 안에서 "항목" 탭을 클릭합니다. 화면 10과 같이 attributes에 HeightVal의 값이 저장되어 있습니다. "S"는 문자열 타입의 S입니다.

[화면 10] 신장 데이터가 저장되어 있는 것을 확인

▶ 이상적인 체중의 산출 처리 추가하기

DynamoDB에 신장 데이터를 영구적으로 저장할 수 있게 되었습니다. 이어서 저장된 신장 데이터를 이용해 이상적인 체중을 산출하는 기능을 추가하겠습니다. 슬롯을 새로 생성해서 대응할 단어를 등록합니다.

슬롯 타입의 [+ Add] 버튼을 클릭합니다(화면 11). 커스텀 슬롯 타입의 이름은 "BMIslot"이라고 입력하고 [Create custom slot type] 버튼을 클릭합니다.

[화면 11] "Custom Slot Type"의 신규 생성

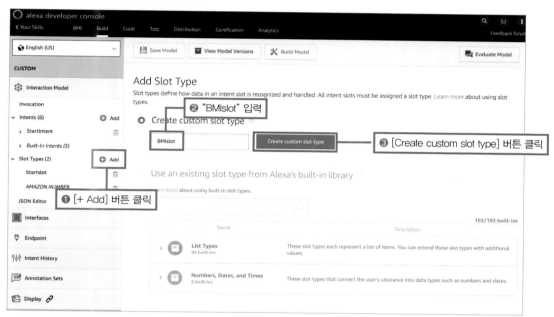

슬롯 값에 대응하는 값을 입력합니다(화면 12). 22를 입력하고 오른쪽의 [+]를 클릭하여 추가한 뒤 동의어(SYNONYMS)에 "standard"를 입력하고 오른쪽의 [+]를 클릭합니다. 같은 방식으로 "ideal"이나 "Cinderella", "model"의 값을 등록하여 화면 12와 같이 만듭니다.

[화면 12] 슬롯 값에 해당하는 값 등록

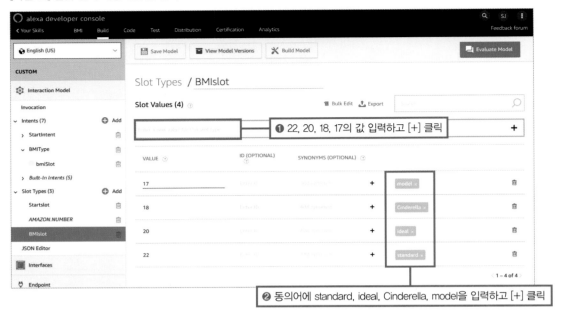

이어서 인텐트를 만들겠습니다(화면 13). 인텐트의 오른쪽에 있는 [+ Add] 버튼을 클릭하고 커스텀 인텐트 이름을 "BMIType"이라고 입력한 뒤 [Create custom intent] 버튼을 클릭합니다.

[화면 13] 인텐트를 추가하여 "BMIType" 입력 후 [Create custom intent] 버튼을 클릭

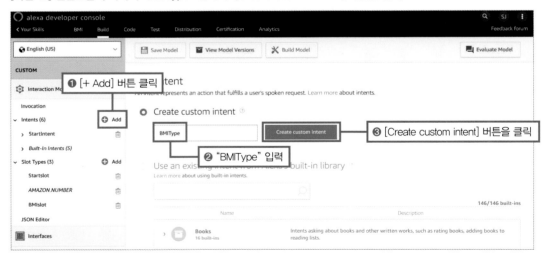

인텐트 슬롯 이름에 "bmiSlot"을 입력하고 오른쪽에 있는 [+]를 클릭합니다(화면 14). 슬롯 타입은 "BMIslot"을 선택합니다. 샘플 발화에 "{"를 입력하면 팝업이 나타납니다. "bmiSlot"을 선

택하고 "Let me know {bmiSlot} weight"라고 입력 후 오른쪽의 [+]를 클릭합니다. [Save Model], [Build Model] 버튼을 순서대로 클릭합니다.

이것으로 "이상적인 체중을 알려줘"나 "모델 체중을 알려줘"에 대응할 수 있게 되었습니다. 화면 14와 같이 되면 됩니다.

[화면 14] 이상적인 체중의 인텐트 설정

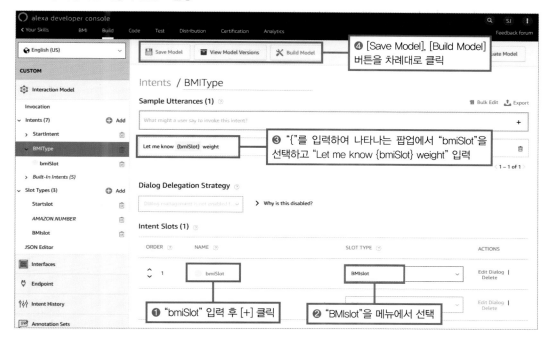

▶ 프로그램 수정하기

이상적인 체중의 산출을 위한 프로그램을 수정합니다. AWS Lambda에 접속합니다. BMISkill의 index.js를 열고 예제 파일 Alexa/BMI/BMI2-2.txt의 내용을 붙여 넣습니다(화면 15). 프로그램을 수정하고 나면 오른쪽 위의 [Save] 버튼을 클릭합니다.

[화면 15] Alexa/BMI/BMI2-2.txt의 내용을 붙여 넣고 [Save] 버튼 클릭

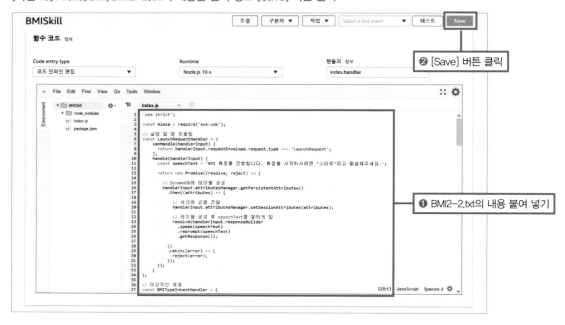

BMI2-1.txt에서 이상적인 체중의 산출 부분이 추가되었습니다.

[index.js] (index.js에 Alexa/BMI/BMI2-2.txt의 내용 붙여 넣기)

```
1   'use strict';
2
3   const Alexa = require('ask-sdk');
4
5   // 실행할 때 호출됨
6   const LaunchRequestHandler = {
7     canHandle(handlerInput) {
8       return handlerInput.requestEnvelope.request.type === 'LaunchRequest';
9     },
10    handle(handlerInput) {
11      const speechText = 'I will calculate your BMI. To start, say "Start".';
12
13      return new Promise((resolve, reject) => {
14
15        // DynamoDB에 테이블 생성
16        handlerInput.attributesManager.getPersistentAttributes()
17          .then((attributes) => {
18
19            // 세션에 값을 전달
```

```
20          handlerInput.attributesManager.setSessionAttributes(attributes);
21
22             // 테이블 생성 후 speechText를 말하게 함
23             resolve(handlerInput.responseBuilder
24               .speak(speechText)
25               .reprompt(speechText)
26               .getResponse());
27
28           })
29           .catch((error) => {
30             reject(error);
31           });
32       });
33     }
34 };
35
36 // 이상적인 체중
37 const BMITypeIntentHandler = {
38     canHandle(handlerInput) {
39         return handlerInput.requestEnvelope.request.type === 'IntentRequest' &&
40         handlerInput.requestEnvelope.request.intent.name === 'BMIType';
41     },
42     handle(handlerInput) {
43         const intent = handlerInput.requestEnvelope.request.intent;
44
45         var bmiSlot = intent.slots.bmiSlot;
46         var bmiVal = '';
47         var speechText = '';
48
49         if (bmiSlot.value != null) {
50             if (bmiSlot.resolutions["resolutionsPerAuthority"][0]["status"]["code"] ==
   'ER_SUCCESS_MATCH') {
51                 bmiVal = bmiSlot.resolutions["resolutionsPerAuthority"][0]["values"]
   [0]["value"]["name"];
52
53                 // 세션에서 신장 값을 받아옴
54                 var attributes = handlerInput.attributesManager.getSessionAttributes();
55                 const heightVal = attributes.HeightVal;
56
57                 if (heightVal != null) {
58                     // 표준 체중
59                     const stdWeight = (bmiVal * (parseFloat(heightVal)/100 *
   parseFloat(heightVal)/100)).toFixed(1);
60
```

```
61                          // 응답 메시지 생성
62                          speechText = bmiSlot.value + 'weight is' + stdWeight + 'kg.';
63
64                          return handlerInput.responseBuilder
65                              .speak(speechText)
66                              .reprompt(speechText)
67                              .getResponse();
68                      } else {
69                          speechText = 'I can\'t find your height data. Please recalculate
    your BMI scale.';
70
71                          return handlerInput.responseBuilder
72                              .speak(speechText)
73                              .reprompt(speechText)
74                              .getResponse();
75
76                      }
77
78                  } else {
79                      speechText = 'Say "Let me know \'Standard / Ideal / Cinderella /
    Model\' weight.".';
80
81                      return handlerInput.responseBuilder
82                          .speak(speechText)
83                          .reprompt(speechText)
84                          .getResponse();
85
86                  }
87              } else {
88                  speechText = 'Say "Let me know \'Standard / Ideal / Cinderella / Model\'
    weight.".';
89
90                  return handlerInput.responseBuilder
91                      .speak(speechText)
92                      .reprompt(speechText)
93                      .getResponse();
94
95              }
96
97
98      }
99
100 };
101
```

```
102    // 신장 및 체중 체크
103    const BMIProgressIntentHandler = {
104        canHandle(handlerInput) {
105            return handlerInput.requestEnvelope.request.type === 'IntentRequest' &&
106                handlerInput.requestEnvelope.request.intent.name === 'StartIntent' &&
107                (handlerInput.requestEnvelope.request.dialogState === 'STARTED' ||
108                handlerInput.requestEnvelope.request.dialogState === 'IN_PROGRESS');
109        },
110        handle(handlerInput) {
111            const intent = handlerInput.requestEnvelope.request.intent;
112            if (intent.slots.HeightVal.value === '?') {
113                const slotToElicit = 'HeightVal';
114                return handlerInput.responseBuilder
115                .speak('Please answer your height by centimeter.')
116                .addElicitSlotDirective(slotToElicit)
117                .getResponse();
118
119            } else if (intent.slots.WeightVal.value === '?') {
120                const slotToElicit = 'WeightVal';
121                return handlerInput.responseBuilder
122                .speak('Please answer your weight by kilogram.')
123                .addElicitSlotDirective(slotToElicit)
124                .getResponse();
125
126            } else {
127                return handlerInput.responseBuilder
128                .addDelegateDirective()
129                .getResponse();
130            }
131        }
132    };
133
134    // 모든 슬롯이 입력되었을 때
135    const BMICompletedIntentHandler = {
136        canHandle(handlerInput) {
137            return handlerInput.requestEnvelope.request.type === 'IntentRequest' &&
138            handlerInput.requestEnvelope.request.intent.name === 'StartIntent' &&
139            handlerInput.requestEnvelope.request.dialogState === 'COMPLETED';
140        },
141        handle(handlerInput) {
142            const intent = handlerInput.requestEnvelope.request.intent;
143            const heightVal = intent.slots.HeightVal.value;
144            const weightVal = intent.slots.WeightVal.value;
145
```

```
146          // BMI 계산
147          const bmiVal = (parseFloat(weightVal) / (parseFloat(heightVal)/100 *
     parseFloat(heightVal)/100)).toFixed(1);
148
149          // 표준 체중
150          const stdWeight = (22 * (parseFloat(heightVal)/100 *
     parseFloat(heightVal)/100)).toFixed(1);
151
152          // 응답 메시지 생성
153          const speechText = 'Your BMI scale is ' + bmiVal + '. For your height ' +
     stdWeight + 'kg is average weight. Say "Start" if you want to calculate once more.';
154
155          // 반복 메시지
156          const repeatText = 'Say "Start" if you want to calculate once more.';
157
158          return new Promise((resolve, reject) => {
159            handlerInput.attributesManager.getPersistentAttributes()
160              .then((attributes) => {
161                // 저장
162                attributes.HeightVal = heightVal;
163
164                // 세션에 값을 전달
165                handlerInput.attributesManager.setSessionAttributes(attributes);
166
167                handlerInput.attributesManager
168                  .setPersistentAttributes(attributes);
169                return handlerInput.attributesManager.savePersistentAttributes();
170
171              })
172              .then(() => {
173                resolve(handlerInput.responseBuilder
174                  .speak(speechText)
175                  .reprompt(repeatText)
176                  .getResponse());
177              })
178              .catch((error) => {
179                reject(error);
180              });
181          });
182      }
183 };
184
185 // 종료될 때 호출
186 const SessionEndedRequestHandler = {
```

```
187        canHandle(handlerInput) {
188            return handlerInput.requestEnvelope.request.type === 'SessionEndedRequest';
189        },
190        handle(handlerInput) {
191            return handlerInput.responseBuilder.getResponse();
192        }
193    };
194
195    // EndIntent
196    const EndHandler = {
197        canHandle(handlerInput) {
198            return handlerInput.requestEnvelope.request.type === 'IntentRequest' &&
199            handlerInput.requestEnvelope.request.intent.name === 'AMAZON.StopIntent';
200        },
201        handle(handlerInput) {
202            const speechText = 'I will stop calculating BMI scale. Bye!';
203
204            return handlerInput.responseBuilder
205                .speak(speechText)  /* reprompt가 없으므로 대화를 종료*/
206                .getResponse();
207        }
208    };
209
210    exports.handler = Alexa.SkillBuilders.standard()
211      .addRequestHandlers(
212        LaunchRequestHandler,
213        BMIProgressIntentHandler,
214        BMICompletedIntentHandler,
215        EndHandler,
216        SessionEndedRequestHandler,
217        BMITypeIntentHandler)
218      .withTableName("HeightData")        /* 테이블 생성 */
219      .withAutoCreateTable(true)          /* 테이블 자동 생성 */
220      .lambda();
```

37 ~ 100 행 부분이 이번에 추가된 프로그램이며 순서대로 설명하겠습니다.

39~40행

인텐트 이름이 "BMIType"인지 체크합니다. 인텐트가 일치하면 42행 이후의 처리를 실행합니다.

43~45행

bmiSlot의 값을 전달받습니다.

49행

값이 들어 있는지 체크합니다.

50행

발화된 단어가 "standard", "ideal", "Cinderella", "model" 중 하나라면 "ER_SECCESS_MATCH" 상태가 됩니다.

51행

standard는 22, ideal은 20, Cinderella는 18, model은 17의 BMI 값을 전달받습니다.

54~55행

세션에 저장된 신장 데이터를 받아옵니다. 세션에 값을 설정하는 것은 20행에서 처리합니다.

57행

신장 데이터가 존재하는지 체크하여 존재하면 BMI를 계산합니다.

62행

Alexa가 말할 내용을 설정합니다. "XX weight is OOkg."라는 내용이 됩니다. XX는 스킬 이용자가 발화한 standard~model 중 하나입니다.

217행

이상적인 체중을 산출하는 프로그램을 실행하기 위한 함수명을 지정합니다.

수정이 끝나면 오른쪽 위의 [저장] 버튼을 잊지 않고 클릭합니다.

▶ 시뮬레이터에서 확인하기

프로그램 수정이 완료되면 시뮬레이터에서 확인합니다. Amazon Developer의 Test 탭에서 시뮬레이터를 실행합니다. 스킬이 제대로 작동하면 화면 16과 같이 나옵니다. "Let me know ideal weight(이상적인 체중을 알려줘)"라고 말하면 DynamoDB에 저장되어 있는 신장 데이터를 바탕으로 이상적인 체중을 계산해 주는 것을 확인할 수 있습니다. 또한 신데렐라나 모델의 체중도 계산해 주고 있습니다.

[화면 16] 시뮬레이터에서 작동되는 모습

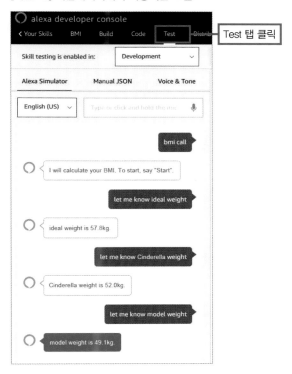

5 6 이상적인 체중의 산출 기능 추가 – Naver Clova편

Naver Clova의 BMI 측정에도 새로운 기능을 추가하겠습니다. 신장 데이터를 이용하여 이상적인 체중을 산출하는 기능이며 Amazon Echo와 같이 DynamoDB를 사용하여 신장 데이터의 저장 방법 및 활용 방법에 대해 설명합니다.

▶ 대화 모델 만들기

Clova Extensions Kit의 Interaction 모델 수정 화면을 표시합니다(화면 1). 이상적인 체중을 묻기 위한 전용 슬롯을 만듭니다. 등록된 slot 타입 옆의 [+] 버튼을 클릭합니다. 새로운 slot 타입의 이름을 "BMIVal"이라고 입력하고 [만들기] 버튼을 클릭합니다.

[화면 1] Custom Slot 타입 생성

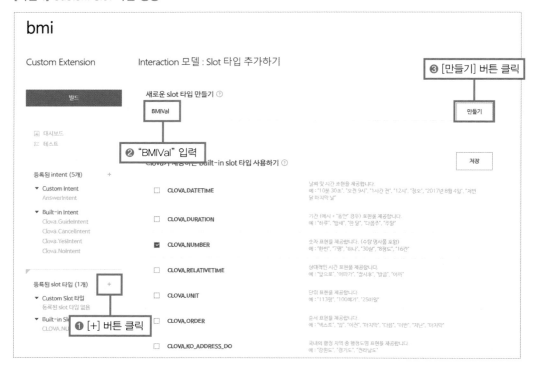

Slot 타입 사전에 대표어를 입력합니다(화면 2). "22"를 입력하고 엔터키를 누릅니다. 같은 방식으로 "20", "18", "17"을 각각 입력하고 엔터키를 누릅니다. 동의어에 17은 "모델", 18은 "신데렐라", 20은 "이상적인", 22는 "표준"을 입력하고 오른쪽 위의 [저장] 버튼을 클릭합니다.

[화면 2] 대표어와 동의어를 입력하고 [저장] 버튼 클릭

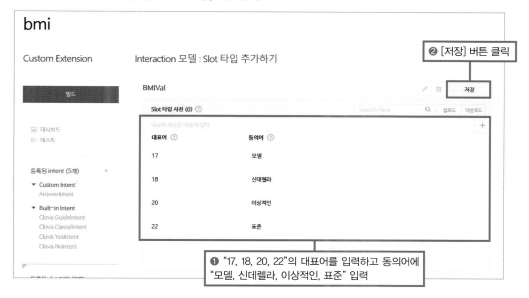

등록된 intent 옆의 [+] 버튼을 클릭하여 새로운 인텐트를 생성합니다(화면 3). 새로운 custom intent의 이름으로 "BMIType"을 입력하고 [만들기] 버튼을 클릭합니다.

[화면 3] "BMIType"이라는 커스텀 인텐트의 신규 생성

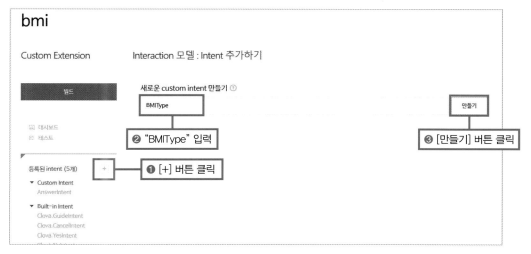

Slot 목록 항목에 "BMIVal"을 입력하고 엔터키를 누릅니다(화면 4). Slot 타입은 "BMIVal"을 메뉴에서 선택합니다. 발화 예시 목록에 "이상적인 체중을 알려줘"에 반응하도록 등록하고, 다른 단어에도 반응할 수 있도록 여러 패턴을 등록해 둡니다. "이상적인" 부분을 더블 클릭하면 팝업 메뉴가 나타나는데 "BMIVal"을 선택합니다. 입력을 모두 마치면 [저장] 버튼을 클릭합니다. 왼쪽 위의 [빌드] 버튼을 클릭하여 빌드를 시작합니다.

[화면 4] "이상적인 체중을 알려줘"에 반응하도록 등록

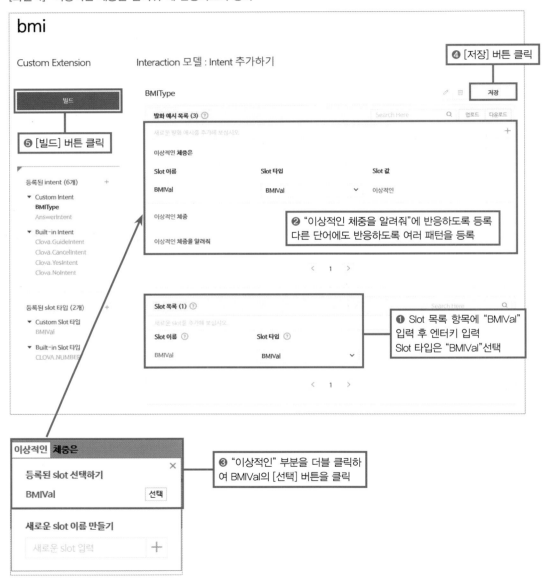

▶ 프로그램 수정하기

이상적인 체중을 물어보기 위해 프로그램을 수정하겠습니다. BMI를 측정할 때 사용자가 대답한 신장 데이터를 DynamoDB의 "HeightData" 테이블에 저장하고, 저장한 신장 데이터를 받아 와서 이상적인 데이터를 대답해 줍니다. AWS Lambda 페이지를 열고 BMIClovaSkill의 index.js를 수정합니다(화면 5).

일단 index.js의 내용을 전부 삭제한 뒤 예제 파일 NAVER/BMI/BMI2.txt의 내용을 붙여 넣습니다. 붙여 넣기가 끝나면 오른쪽 위의 [Save] 버튼을 클릭합니다.

[화면 5] index.js의 내용 수정

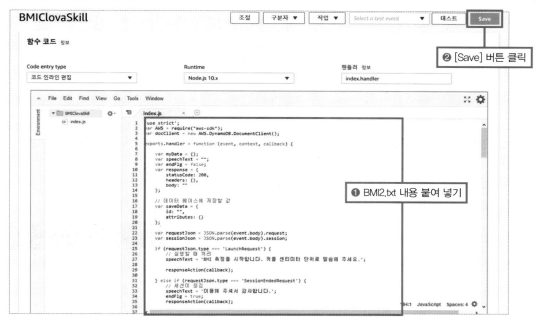

[index.js] (Naver/BMI/BMI2.txt의 내용을 붙여 넣기)

```
1  'use strict';
2  var AWS = require("aws-sdk");
3  var docClient = new AWS.DynamoDB.DocumentClient();
4
5  exports.handler = function (event, context, callback) {
6
7      var myData = {};
8      var speechText = "";
9      var endFlg = false;
```

```
10      var response = {
11          statusCode: 200,
12          headers: {},
13          body: ""
14      };
15
16      // 데이터베이스에 저장할 값
17      var saveData = {
18          id: "",
19          attributes: {}
20      };
21
22      var requestJson = JSON.parse(event.body).request;
23      var sessionJson = JSON.parse(event.body).session;
24
25      if (requestJson.type === 'LaunchRequest') {
26          // 실행할 때 처리
27          speechText = 'BMI 측정을 시작합니다. 신장을 센티미터 단위로 말씀해 주세요.';
28
29          responseAction(callback);
30
31      } else if (requestJson.type === 'SessionEndedRequest') {
32          // 세션이 끊김
33          speechText = '이용해 주셔서 감사합니다.';
34          endFlg = true;
35          responseAction(callback);
36
37      } else if (requestJson.type === 'IntentRequest') {
38
39          if (requestJson.intent.name === 'EndIntent' ||
40              requestJson.intent.name === 'Clova.NoIntent' ||
41              requestJson.intent.name === 'Clova.CancellIntent') {
42              // 종료 처리
43              speechText = '이용해 주셔서 감사합니다.';
44              endFlg = true;
45
46              responseAction(callback);
47          } else if (requestJson.intent.name === 'Clova.YesIntent') {
48              // "네"라고 대답했을 때
49              speechText = 'BMI 측정입니다. 신장을 센티미터 단위로 말씀해 주세요.';
50
51              responseAction(callback);
52          } else if (requestJson.intent.name === 'Clova.GuideIntent') {
53              // 문의 메시지
```

```
54              speechText = 'BMI 측정입니다. 신장을 센티미터 단위로 말씀해 주세요.';
55              responseAction(callback);
56
57          } else if (requestJson.intent.name === 'BMIType') {
58              // 사용자 ID를 받아옴
59              var userID = sessionJson.user.userId;
60
61              // HeightData의 데이터베이스에서 받아오는 사용자 ID를 지정
62              var params = {
63                  TableName: 'HeightData',
64                  Key: {
65                      id: userID
66                  }
67              }
68
69              // 데이터베이스에서 신장 데이터를 받아옴
70              docClient.get(params, function(err, data) {
71                  if (err) {
72                      speechText = '신장 데이터를 가져오지 못하였습니다. 우선 BMI 측정을
    진행해 주세요.';
73
74                  } else {
75                      // 데이터베이스에서 신장 값을 가져옴
76                      var heightVal = data.Item.attributes.HeightVal;
77
78                      // 발화된 타입 번호를 가져옴
79                      var myVal = requestJson.intent.slots.BMIVal.value;
80
81                      // 계산
82                      const stdWeight = (parseInt(myVal) * (parseFloat(heightVal)/100 *
    parseFloat(heightVal)/100)).toFixed(1);
83
84                      var bmiType = '';
85
86                      switch (myVal) {
87                          case '22': bmiType = '표준'; break;
88                          case '20': bmiType = '이상적인'; break;
89                          case '18': bmiType = '신데렐라'; break;
90                          case '17': bmiType = '모델'; break;
91                      }
92                      speechText = '${bmiType} 체중은 ${stdWeight}kg입니다.';
93
94                  }
95
```

```
 96                    responseAction(callback);
 97
 98            });
 99
100
101        } else if (requestJson.intent.name === 'AnswerIntent') {
102
103            if (requestJson.intent.slots.answer === undefined) {
104
105                // 데이터를 받아오지 못할 때
106                speechText = '숫자를 정확하게 말씀해 주세요.';
107                responseAction(callback);
108
109            } else {
110                if (sessionJson.sessionAttributes.height === undefined || sessionJson.
    sessionAttributes.height === "") {
111
112                    // 신장 데이터 불러오기
113                    var myVal = requestJson.intent.slots.answer.value;
114
115                    myData.height = myVal;
116                    speechText = '체중을 말씀해 주세요.';
117                    responseAction(callback);
118
119                } else if (sessionJson.sessionAttributes.weight === undefined ||
    sessionJson.sessionAttributes.weight === "") {
120                    // 체중 데이터 받아오기
121                    var weightVal = requestJson.intent.slots.answer.value;
122
123                    // 세션으로부터 신장 값 받아오기
124                    var heightVal = sessionJson.sessionAttributes.height;
125
126                    // BMI 계산
127                    const bmiVal = (parseFloat(weightVal) / (parseFloat(heightVal)/100
    * parseFloat(heightVal)/100)).toFixed(1);
128
129                    // 표준 체중
130                    const stdWeight = (22 * (parseFloat(heightVal)/100 *
    parseFloat(heightVal)/100)).toFixed(1);
131
132                    // 응답 메시지 생성
133                    speechText = 'BMI는 ${bmiVal}입니다. 표준 체중은 ${stdWeight}kg입
    니다. 한 번 더 측정하시겠습니까?';
134
```

```
135              // 사용자 ID를 받아옴
136              var userID = sessionJson.user.userId;
137
138              // 저장할 파라미터 설정
139              saveData.id = userID;
140              saveData.attributes = {
141                  "HeightVal": heightVal
142              };
143
144              // 저장할 테이블 이름과 값을 지정
145              var params = {
146                  Item: saveData,
147                  TableName: 'HeightData'
148              };
149
150              // 데이터베이스에 저장
151              docClient.put(params, function(err, data) {
152                  if (err) {
153                      speechText = '저장에 실패하였습니다.'
154                  }
155
156                  responseAction(callback);
157
158              });
159
160          }
161
162          }
163
164      }
165
166  }
167
168  // 결과를 반환하는 처리
169  // 세션 결과를 반환하는 처리
170  function responseAction (callback) {
171      var responseJson = JSON.stringify({
172          "version": "1.0",
173          "sessionAttributes": myData,
174          "response": {
175              "outputSpeech": {
176                  "type": "SimpleSpeech",
177                  "values": {
178                      "type":"PlainText",
```

```
179                      "lang":"ko",
180                      "value": speechText
181                    }
182                },
183                "card": {},
184                "directives": [],
185                "shouldEndSession": endFlg
186            }
187        });
188
189        response.body = responseJson;
190
191        callback(null, response);
192    }
193  };
```

2~3행

DynamoDB에 데이터를 저장, 불러오기 위한 프로그램을 선언합니다.

57행

인텐트 이름이 "BMIType"인지 체크합니다.

59행

Clova 기기의 사용자 ID를 받아 옵니다.

62~67행

저장할 데이터베이스의 테이블 이름인 "HeightData"를 지정합니다. 저장할 프라이머리 키에 59행에서 전달받은 사용자 ID를 지정합니다.

70행

지정된 테이블에서 저장되어 있는 신장 데이터를 전달받습니다.

79행

발화된 단어에서 대상이 되는 대표 문구의 BMI를 계산할 번호를 전달받습니다.

86~91행

Clova는 슬롯의 대표 단어만 전달받으므로 프로그램에서 변환합니다.

136행

데이터베이스에 저장할 사용자 ID를 전달받습니다.

139~142행

저장할 신장 데이터를 설정합니다.

145~148행

저장 데이터를 지정하여 저장할 테이블 이름을 설정합니다.

151행

데이터베이스에 저장합니다.

이제 Clova 기기에서 확인해 보겠습니다. "클로바야 BMI에 연결해 줘"라고 하면 스킬이 실행됩니다. 우선 BMI를 측정하고 스킬을 종료합니다. 다시 스킬을 실행하고 "이상적인 체중을 알려줘"라고 하면 이상적인 체중을 말해 줍니다. "신데렐라 체중을 알려줘"나 "모델의 체중을 알려줘"라고 말해도 올바르게 대답해 주는지 확인해 봅니다.

Column

데이터베이스 테이블 생성하기

5-4절을 건너뛰고 이번 절을 진행하면 데이터베이스의 테이블이 생성되지 않습니다. AWS 서비스에서 "DynamoDB"를 검색합니다(화면 1).

[화면 1] "DynamoDB" 검색

DynamoDB 페이지를 열면 왼쪽 메뉴에 있는 테이블을 클릭합니다. [테이블 만들기] 버튼을 클릭합니다(화면 2).

[화면 2] [테이블 만들기] 버튼 클릭

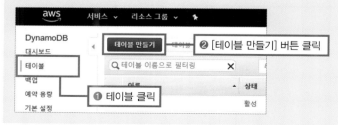

테이블 이름에 "WeightData"라고 입력하고 기본 키는 "id"를 입력합니다. 오른쪽 아래의 [생성] 버튼을 클릭합니다(화면 3).

[화면 3] 테이블 생성

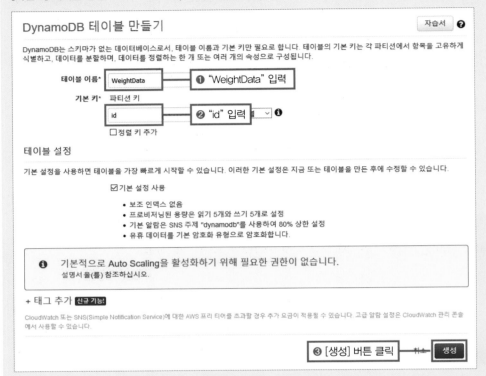

WeightData 테이블이 생성되었습니다(화면 4).

[화면 4] WeightData 테이블 생성

5-7 메모 스킬 만들기
– Google Home편

스토리지 기능을 활용하여 메모의 저장과 로드 스킬을 만들어 보겠습니다. 일단 스킬을 닫아도 스토리지 기능에 저장되어 있으며 언제든지 호출할 수 있습니다.

▶ 메모 스킬 만들기

Dialogflow에 접속하여 신규 Agent를 생성합니다(화면 1). 앞서 BMI를 만들었으므로 오른쪽의 ▼ 마크를 클릭하면 나타나는 "Create new agent"를 클릭합니다. Agent 이름은 "Memo"라고 입력하고 DEFAULT LANGUAGE는 "Korean-ko"를 선택 후 [CREATE] 버튼을 클릭합니다.

[화면 1] 신규 Agent 작성

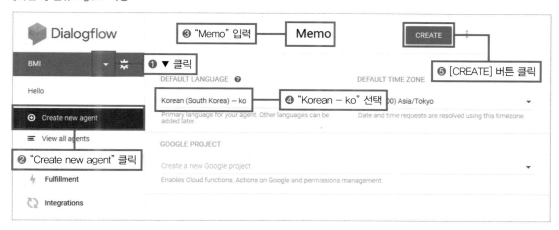

Entities의 오른쪽에 있는 [+] 버튼을 클릭하여 "ModeType"이라는 이름의 Entity를 생성합니다(화면 2). 이 Entity는 데이터의 저장 / 로드의 다른 표현들을 등록합니다. "Enter reference value"에 "save"와 "load"를 입력하고 동의어로 "저장, 세이브", "열어줘, 알려줘, 로드"를 각각 입력합니다. 입력이 화면 2와 같이 완료되면 [SAVE] 버튼을 클릭합니다.

[화면 2] 저장 / 로드의 다른 표현들을 등록

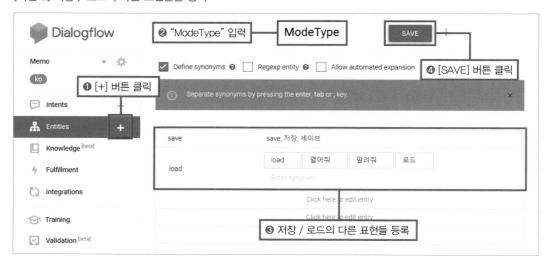

인텐트 만들기

Intents를 클릭하면 나타나는 "Default Welcome Intent"를 클릭합니다(화면 3).

[화면 3] "Default Welcome Intent" 클릭

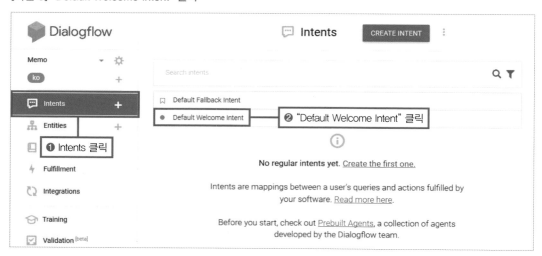

Responses의 Text Response의 첫 번째에 "메모를 저장할 때에는 "메모 저장", 메모를 열 때에는 "메모 로드"라고 말해 주세요"라고 입력합니다(화면 4). 이는 스킬을 실행할 때 스피커가 말할 내용입니다. 이러면 사용자는 메모를 저장할 것인지 로드할 것인지 둘 중 하나를 말하게 됩니다. 이렇게 사용자의 말을 유도하는 방법이 보이스 스킬 개발의 테크닉 중 하나입니다. 오른쪽 위의 [SAVE] 버튼을 클릭하여 저장합니다.

[화면 4] 스킬을 실행할 때 스피커가 말할 내용을 입력

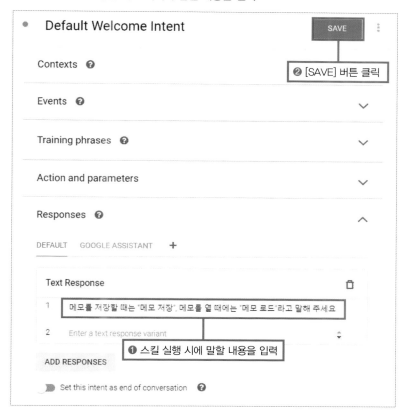

이어서 메모를 저장할 것인지 로드할 것인지 정하는 Intent를 만들겠습니다(화면 5).

Intents의 오른쪽에 있는 [+] 버튼을 클릭합니다. Intent 이름은 "StartIntent"라고 입력합니다. 이때 대소문자에 주의하여 입력합니다. Training phrases에 "메모 저장"을 입력하고 엔터키를 누르면 Action and parameters에 자동으로 들어가게 됩니다. 이것으로 Entity에 등록된 여러 표현을 인식하여 "메모 저장"이나 "메모 로드"라는 단어를 인식할 수 있게 됩니다.

Fulfillment의 webhook을 활성화하고 [SAVE] 버튼을 클릭합니다.

[화면 5] 메모를 저장할지 로드할지 판단하는 Intent 만들기

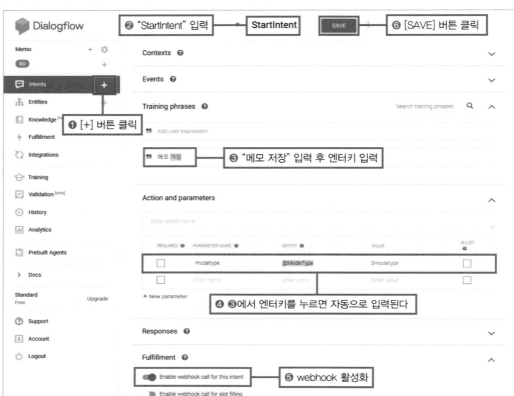

지금 만들 Intent는 실제로 메모를 저장하는 Intent입니다(화면 6). Intents 오른쪽의 [+] 버튼을 클릭하여 새 Intent 화면을 표시합니다. Intent 이름에는 "SaveIntent"를 입력합니다. 대소문자에 주의하여 주세요.

이번에는 Contexts라는 새로운 항목을 알아보겠습니다. Contexts에는 Input context와 Output context 두 종류가 있습니다. 이번 예시에서 Input context는 "memo"라는 값에 어떤 값이 들어가야만 SaveIntent가 실행되는 기능입니다. 즉, 조건에 따라 실행되는 Intent를 만들 수가 있는 것입니다.

레스토랑 예약 스킬을 생각해 볼까요? 레스토랑의 예약 스킬에는 Intent의 Training phrases에 "예약하기"라는 단어에 반응하는 것이 등록되어 있을 것입니다. 어떤 레스토랑으로 할 것인지, 인원수가 몇 명인지 정하지도 않았는데 갑자기 "예약하기"라는 단어에 반응하지 않도록 조건을 걸어서 작동시키는 Intent입니다. 어느 레스토랑인지, 몇 명인지, 연락받을 연락처가 무엇인지 등의 정보를 알게 된 후에야 이 Intent가 작동할 것입니다. 이런 기능을 하는 것이 Contexts입니다.

Output context는 Input에서 얻은 Context를 문자 그대로 출력할 것인지 정하는 기능입니다. Output context 왼쪽에 숫자가 있는데 초기값은 5입니다. 이 숫자는 Context의 라이프사이클을 가리킵니다. 다른 Intent가 실행될 때마다 이 숫자가 1씩 감소합니다. 0이 되면 Context의 정보가 삭제됩니다. 삭제되면 Input Context도 삭제되므로 SaveIntent가 호출되지 않게 됩니다. 이번 예시에서는 여러 번 메모를 저장할 필요가 없으므로 Context를 사용하지 않습니다. 0을 입력하여 Context를 강제로 삭제합니다. 이렇게 삭제하면 SaveIntent는 호출되지 않습니다.

다시 한 번 메모를 저장하고 싶을 때는 "메모 저장"이라고 말하면 Context가 부활합니다. Context 부여는 프로그래밍 부분에서 설명하겠습니다.

SaveIntent로 다시 돌아가서 설명하겠습니다. Training phrases에 "memo"를 입력 후 memo 부분의 문자를 더블 클릭하면 팝업 화면이 나타납니다. "@sys.any"의 Entity를 선택합니다. "@sys.any"는 어떤 단어에도 반응하게 되는 만능 Entity입니다. 그렇기 때문에 어떤 단어에나 반응하면 곤란하므로 Input Context를 설정하는 것입니다. "@sys.any"를 선택하고 엔터키를 누르면 Action and parameters 부분에 자동으로 값이 입력됩니다. 이때 PARAMETER NAME과 VALUE를 memo, $memo로 수정합니다.

Fulfillment의 webhook을 활성화하고 [SAVE] 버튼을 클릭합니다. 화면 6과 같이 되는지 확인합니다.

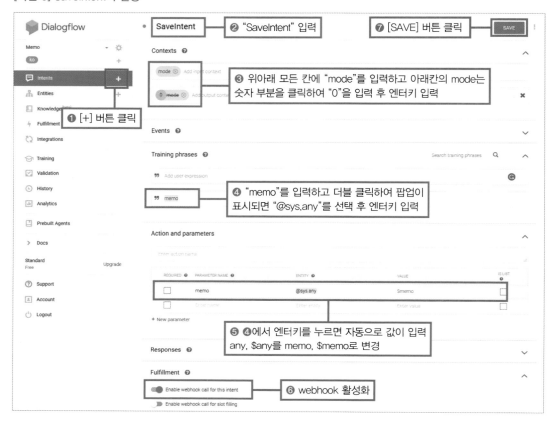

▶ 프로그램 만들기

메모 스킬이 작동하도록 프로그래밍을 진행합니다(화면 7). 왼쪽 메뉴의 Fulfillment를 클릭합니다. Fulfillment 화면이 나타나면 Inline Editor의 오른쪽에 있는 버튼을 클릭하여 ENABLED로 바꿉니다. 예제 파일 GoogleHome/Memo/Memo.txt의 내용을 복사하여 index.js에 붙여 넣습니다. 붙여 넣기가 끝나면 [DEPLOY] 버튼을 클릭합니다.

[화면 7] Inline Editor를 활성화하여 Memo.txt를 붙여 넣은 뒤 [DEPLOY] 버튼 클릭

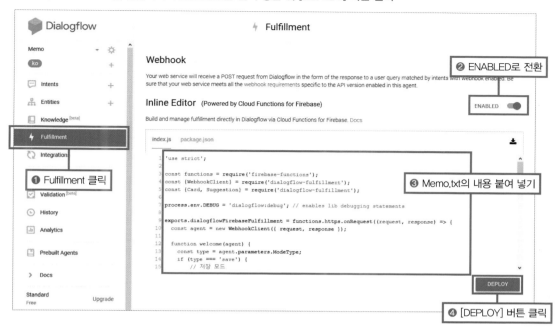

프로그램을 살펴 보겠습니다.

[index.js] (GoogleHome/Memo/Memo.txt 내용을 복사하여 붙여 넣음)

```
1  'use strict';
2
3  const functions = require('firebase-functions');
4  const {WebhookClient} = require('dialogflow-fulfillment');
5  const {Card, Suggestion} = require('dialogflow-fulfillment');
6
7  process.env.DEBUG = 'dialogflow:debug'; // enables lib debugging statements
8
9  exports.dialogflowFirebaseFulfillment = functions.https.onRequest((request, response) => {
10   const agent = new WebhookClient({ request, response });
11
12   function welcome(agent) {
13     const type = agent.parameters.modetype;
14     if (type === 'save') {
15       // 저장 모드
16       agent.setContext({ name: 'mode', lifespan: 5, parameters: { mode: '1' }});
17       agent.add('저장할 표현을 말씀해 주세요.');
18     } else {
19       // 로드 모드
20       const conv = agent.conv();
```

```
21          const memo = conv.user.storage.memo;
22
23          if (memo === undefined) {
24            conv.ask('메모가 없습니다.');
25          } else {
26            conv.ask('메모를 찾았습니다. "'+ memo + '"입니다.');
27          }
28          agent.add(conv);
29
30      }
31    }
32
33    function fallback(agent) {
34      agent.add('I didn't understand');
35      agent.add('I'm sorry, can you try again?');
36    }
37
38    function save(agent) {
39      const memo = agent.parameters.memo;
40      const conv = agent.conv();
41      conv.user.storage.memo = memo;
42      conv.ask('메모를 저장하였습니다.');
43
44      agent.add(conv);
45    }
46
47    let intentMap = new Map();
48    intentMap.set('StartIntent', welcome);
49    intentMap.set('Default Fallback Intent', fallback);
50    intentMap.set('SaveIntent', save);
51    agent.handleRequest(intentMap);
52  });
```

12~31행

"메모 저장" 또는 "메모 로드" 중 어떤 말을 했는지 판별합니다.

13행

ModeType을 받아 "save"면 Input context의 "mode"에 값을 부여합니다.

21행

"메모 로드"의 경우 스토리지에서 저장된 메모 데이터를 가져옵니다.

23행

메모의 값이 존재하지 않으면 "메모가 없습니다"라고 대답합니다. 메모가 발견되면 "메모를 찾았습니다. "'+ memo +'"입니다."라고 저장된 내용을 대답합니다.

38~45행

메모를 저장하는 처리를 진행합니다.

39행

메모의 값을 받아 옵니다.

41행

스토리지에 저장합니다.

48행, 50행

"StartIntent"와 "SaveIntent"가 반응하는 프로그램을 지정합니다. 대소문자에 주의합니다.

package.json의 20행도 0.5.0에서 0.6.1로 변경합니다.

[package.json]

```
 1  {
 2      "name": "dialogflowFirebaseFulfillment",
 3      "description": "This is the default fulfillment for a Dialogflow agents using Cloud
    Functions for Firebase",
 4      "version": "0.0.1",
 5      "private": true,
 6      "license": "Apache Version 2.0",
 7      "author": "Google Inc.",
 8      "engines": {
 9          "node": "8"
10      },
11      "scripts": {
12          "start": "firebase serve --only functions:dialogflowFirebaseFulfillment",
13          "deploy": "firebase deploy --only functions:dialogflowFirebaseFulfillment"
14      },
15      "dependencies": {
16          "actions-on-google": "^2.2.0",
17          "firebase-admin": "^5.13.1",
18          "firebase-functions": "^2.0.2",
19          "dialogflow": "^0.6.0",
20          "dialogflow-fulfillment": "^0.6.1"
21      }
22  }
```

▶ 시뮬레이터에서 확인하기

Integrations를 클릭하여 Google Assistant 영역을 클릭합니다(화면 8).

[화면 8] Integrations의 Google Assistant 영역 클릭

팝업이 표시되면 "Auto-preview changes"를 활성화합니다(화면 9). 활성화한 뒤 [TEST] 버튼을 클릭합니다.

[화면 9] "Auto-preview changes"를 활성화한 뒤 [TEST] 클릭

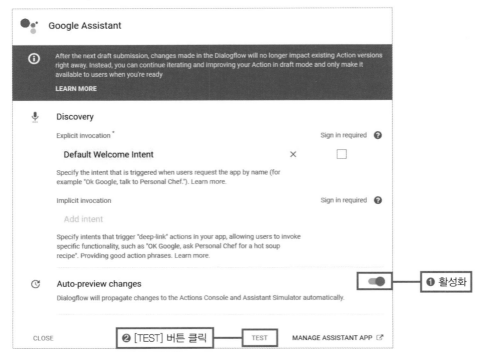

Actions on Google 화면이 표시되면 Develop 탭의 Invocation을 클릭합니다(화면 10). Display name에 "memo skill"을 입력한 뒤에 [SAVE] 버튼을 클릭합니다.

[화면 10] Develop 〉 Invocation을 클릭하고 "memo skill" 입력 후 [SAVE] 버튼 클릭

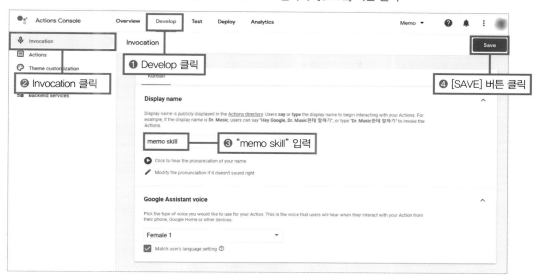

상단 메뉴에 있는 Test를 클릭하여 "memo skill한테 말하기"를 클릭합니다(화면 11). 이때 스킬이 제대로 작동하지 않으면 "Settings"를 클릭합니다. 자세한 내용은 2-4절의 칼럼을 참조해 주세요.

[화면 11] memo skill 실행

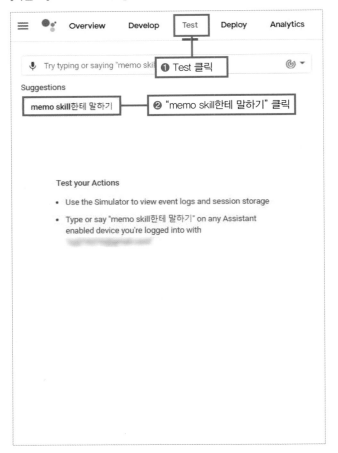

　"메모 저장"이라고 입력하여 저장할 메모를 입력합니다. 그리고 난 뒤 "메모 로드"를 입력하여 저장된 메모가 호출되는 것을 확인합니다. 제대로 저장되었는지 확인하는 방법은 메모 로드 대화를 열어 REQUEST 탭을 봅니다. "userStorage"에 값이 들어 있는지 확인합니다(화면 12).

[화면 12] 동작의 흐름 확인

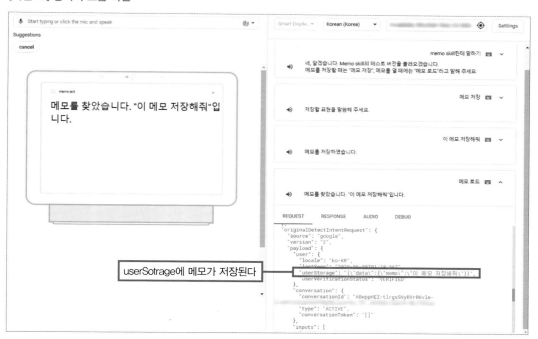

한 번 스킬을 종료시킨 뒤 다시 스킬을 작동시켜 "메모 로드"를 입력합니다(화면 13). 저장된 메모가 표시됩니다.

[화면 13] 스킬을 다시 실행시켜 메모가 저장되어 있는 것을 확인

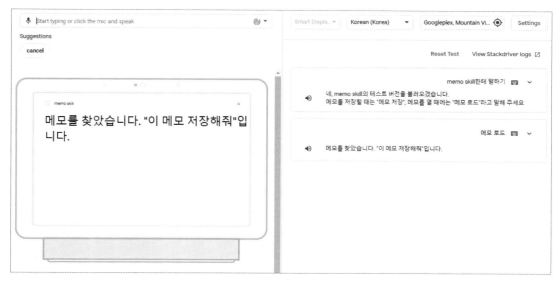

5 8 메모 스킬 만들기
– Amazon Echo편

DynamoDB를 활용하여 메모의 저장과 로드 스킬을 만듭니다. 스킬을 종료시켜도 데이터베이스에 저장되므로 언제든지 로드할 수 있습니다. 그럼 설명을 시작하겠습니다.

▶ 메모 스킬 만들기

Amazon Developer에 접속하여 신규 스킬을 만듭니다(화면 1). [Create Skill] 버튼을 클릭합니다.

[화면 1] [Create Skill] 버튼 클릭

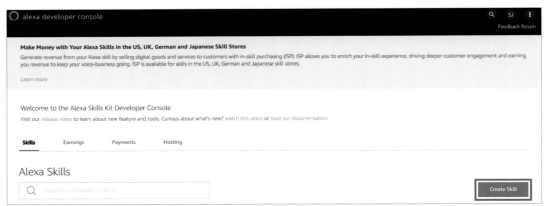

스킬 이름에 "Memo Skill"을 입력하고 기본 언어는 "English"를 선택합니다(화면 2). 모델은 "Custom"을 선택하고 [Create skill] 버튼을 클릭합니다.

[화면 2] 스킬 이름은 "Memo Skill", 기본 언어로 "English" 선택. "Custom" 선택 후 [Create skill] 버튼 클릭

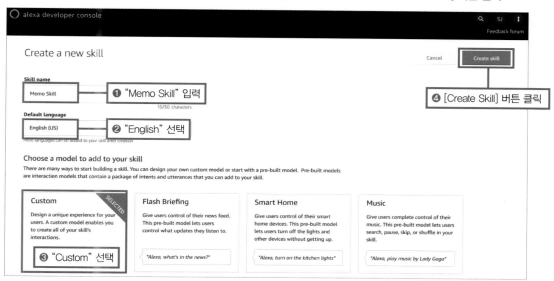

화면이 바뀌면 호출 이름을 설정합니다. "1. Invocation name 〉"을 클릭합니다(화면 3).

[화면 3] "1. Invocation Name 〉" 클릭

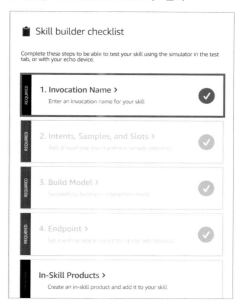

스킬 호출명에 "memo skill"을 입력합니다(화면 4). 기본적으로 "스킬"이라는 표현은 추천하지 않습니다만 이번에는 테스트를 위한 스킬이므로 "스킬"을 붙여 사용합니다. 심사에 제출할 때는 호출 이름을 깊게 고려할 필요가 있습니다.

[화면 4] 스킬 호출명에 "memo skill" 입력

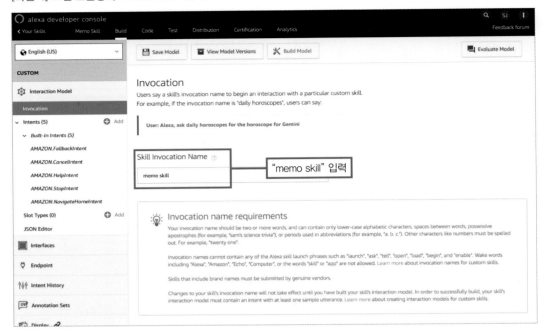

슬롯 타입의 오른쪽에 있는 [+ Add] 버튼을 클릭하여 커스텀 슬롯 타입을 추가합니다(화면 5). 이 슬롯은 "세이브 메모"과 "로드 메모"라는 단어에 반응하기 위한 슬롯입니다. 슬롯 이름에 "Modeslot"을 입력하고 [Create custom slot type] 버튼을 클릭합니다.

[화면 5] "Modeslot" 입력 후 [Create custom slot type] 버튼 클릭

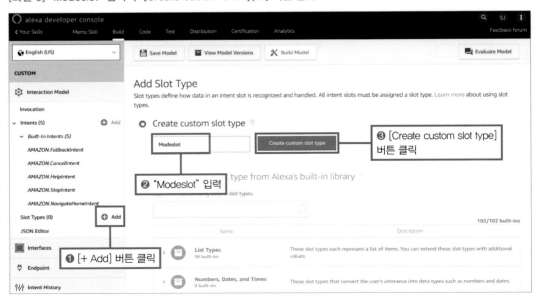

Slot Values에 "load", "save"를 각각 입력하고 [+] 버튼을 클릭합니다(화면 6). save와 load의 동의어를 각각 등록합니다.

[화면 6] 슬롯 타입 설정

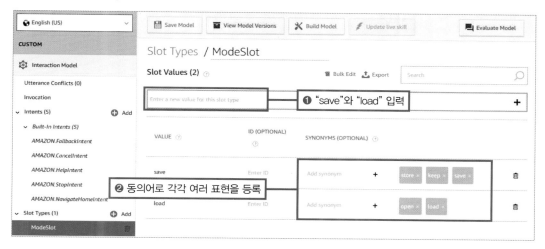

▶ 인텐트 만들기

슬롯에서 만든 "세이브 메모", "로드 메모"에 반응하는 인텐트를 만들겠습니다(화면 7).

인텐트의 오른쪽에 있는 [+ Add] 버튼을 클릭하고 커스텀 인텐트 이름에 "StartIntent"를 입력합니다. 이때 대소문자에 주의합니다. [Create custom intent] 버튼을 클릭합니다.

[화면 7] 인텐트 추가

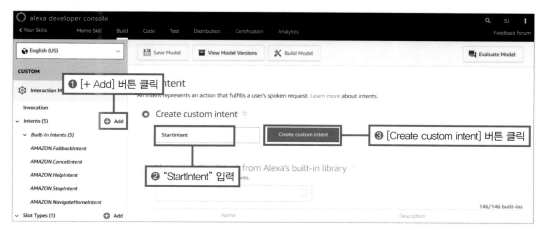

인텐트 슬롯 항목에 "anySlot"을 입력하고 [+] 버튼을 클릭합니다(화면 8). 슬롯 타입은 "AMAZON.SearchQuery"를 선택합니다. "AMAZON.SearchQuery"란 사용자가 발화한 단어를 받아오기 위한 슬롯입니다. 메모 스킬은 사용자가 무엇을 메모하였는지 예상할 수 없습니다. 발화를 예상할 수 없는 슬롯 타입에 "AMAZON.SearchQuery"를 지정하여 범용 슬롯으로 사용합니다. "Edit Dialog"를 클릭합니다.

[화면 8] 인텐트 슬롯의 설정

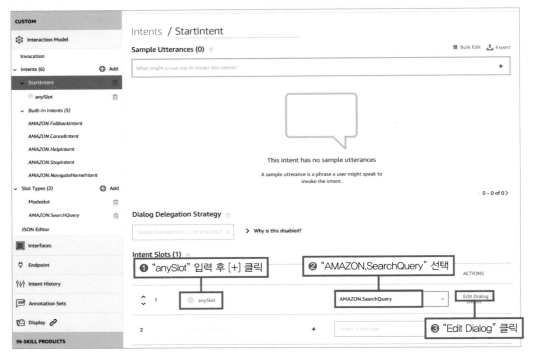

알렉사가 저장할 단어를 듣기 위한 표현을 설정합니다(화면 9). 인텐트를 완료하기 위한 필수 슬롯을 활성화하고 알렉사의 음성 프롬프트에 "Please say the words you want to save."를 입력후 [+]를 클릭합니다.

[화면 9] 알렉사가 저장할 단어를 듣기 위한 표현을 입력

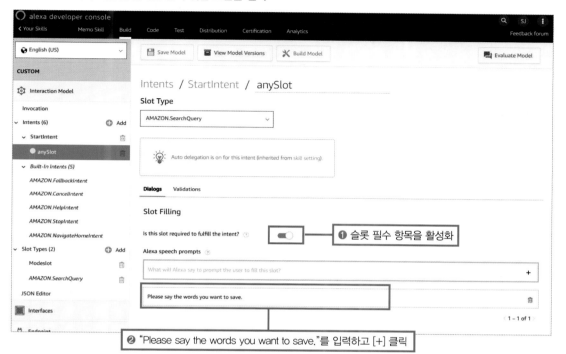

왼쪽 메뉴에 있는 StartIntent를 클릭하여 이전 화면으로 돌아갑니다(화면 10). 인텐트 슬롯에 "modeSlot"을 입력하고 [+]를 클릭합니다. 슬롯 타입은 "Modeslot"을 선택합니다. 샘플 발화(Sample Utterances)에 "{modeSlot} memo"를 입력하는데 "{modeSlot}" 뒤에 반드시 한 칸을 띄웁니다.

Dialog Delegation Strategy에서 "disable auto delegation"을 선택한 후 마지막으로 [Save Model] 버튼과 [Build Model] 버튼을 순서대로 클릭합니다. 이제 "로드 메모", "세이브 메모"라는 말에 반응하는 인텐트가 완성되었습니다.

[화면 10] "로드 메모", "세이브 메모"에 반응하게 하기

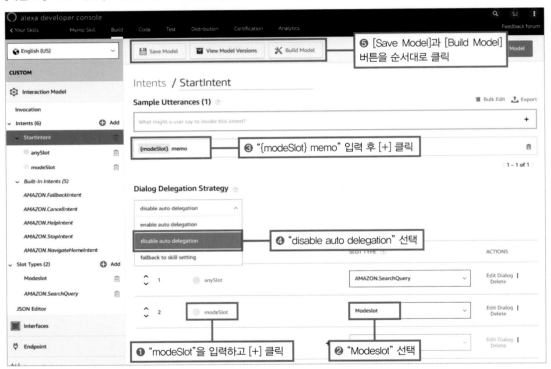

프로그램 만들기

이어서 메모를 저장하거나 로드하는 처리를 할 수 있게 프로그램을 만들겠습니다. AWS에 접속하여 Lambda 페이지를 열고 [Create function] 버튼을 클릭하여 함수를 만듭니다(화면 11).

[화면 11] [Create function] 버튼 클릭

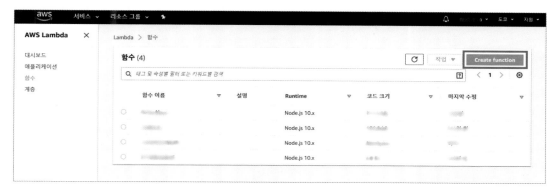

Create function 화면으로 이동하면 "새로 작성"을 선택합니다(화면 12). 함수 이름으로 "MemoSkill"을 입력하고 역할은 "기존 역할 사용"을 선택합니다. 기존 역할은 메뉴에서 "myAlexaRole"을 선택한 후 [Create function] 버튼을 클릭합니다.

[화면 12] Create function 화면

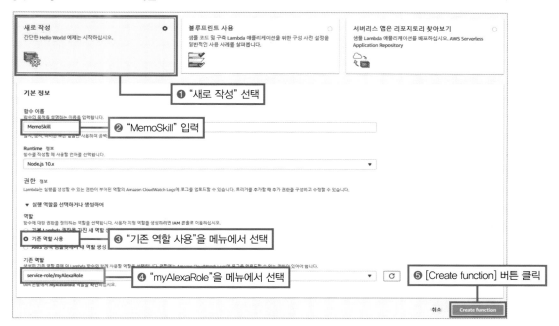

MemoSkill 화면이 나타나면 트리거 추가에서 "Alexa Skills Kit"을 클릭합니다(화면 13).

[화면 13] 트리거 추가에서 "Alexa Skills Kit" 클릭

Amazon Developer의 왼쪽 메뉴에 있는 Endpoint를 클릭하여 AWS Lambda ARN에 표시되어 있는 스킬 ID의 값을 복사합니다(화면 14). AWS의 트리거 설정 항목에 있는 스킬 ID에 복사한 값을 붙여 넣은 뒤 [Add] 버튼을 클릭합니다.

[화면 14] 스킬 ID 붙여 넣기

저장이 끝나면 화면 위에 있는 ARN 값인 "arn:aws:lambda:ap-northeast-1:XXXXX XXXXXX:function:MemoSkill"을 복사합니다(화면 15). Amazon Developer의 Default

Region(Required)에 복사한 값을 붙여 넣은 뒤 [Save Endpoints] 버튼을 클릭합니다.

[화면 15] ARN 값 복사하여 붙여 넣기

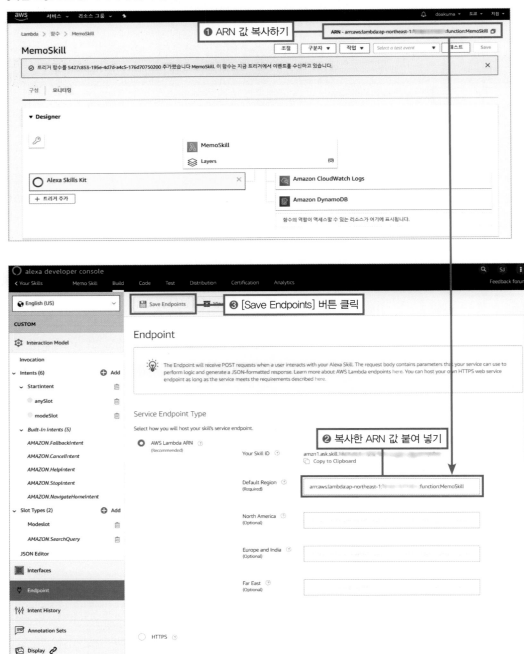

AWS의 "MemoSkill" 부분을 클릭하여 Code entry type 메뉴에서 ".zip 파일 업로드"를 선택합니다(화면 16). 그리고 [업로드] 버튼을 클릭하여 "alexa-hello.zip" 파일을 선택하고 [Save] 버튼을 클릭합니다.

[화면 16] "alexa-hello.zip" 파일 업로드

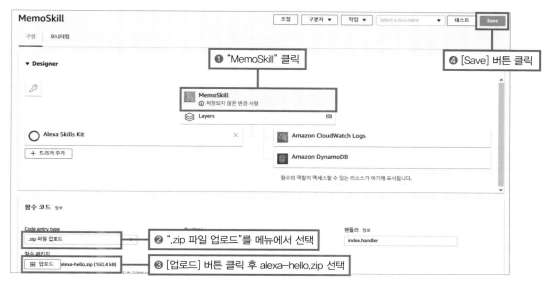

index.js를 열어 소스를 수정합니다(화면 17). 예제 파일 Alexa/Memo/Memo.txt의 내용을 복사하여 붙여 넣습니다. 붙여 넣기가 끝나면 [Save] 버튼을 클릭합니다.

[화면 17] index.js 내용 수정

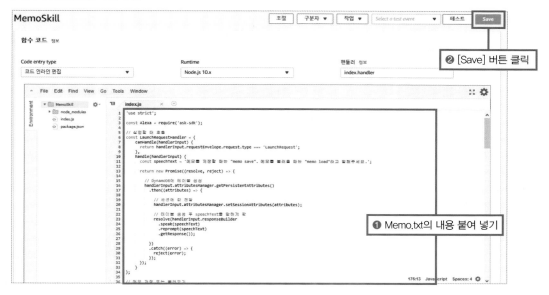

Memo.txt의 소스 내용을 살펴보겠습니다.

[index.js] (Alexa/Memo/Memo.txt의 내용을 복사하여 붙여 넣기)

```
1    'use strict';
2
3    const Alexa = require('ask-sdk');
4
5    // 실행할 때 호출
6    const LaunchRequestHandler = {
7        canHandle(handlerInput) {
8            return handlerInput.requestEnvelope.request.type === 'LaunchRequest';
9        },
10       handle(handlerInput) {
11           const speechText = 'If you want to write a memo say "save memo". If you want to
     hear the memo say "load memo.".';
12
13           return new Promise((resolve, reject) => {
14
15               // DynamoDB에 테이블 생성
16               handlerInput.attributesManager.getPersistentAttributes()
17                 .then((attributes) => {
18
19                     // 세션에 값 전달
20                     handlerInput.attributesManager.setSessionAttributes(attributes);
21
22                     // 테이블 생성 후 speechText를 말하게 함
23                     resolve(handlerInput.responseBuilder
24                       .speak(speechText)
25                       .reprompt(speechText)
26                       .getResponse());
27
28                 })
29                 .catch((error) => {
30                   reject(error);
31                 });
32           });
33       }
34   };
35
36   // 메모 저장 또는 로드
37   const StartProgressIntentHandler = {
38       canHandle(handlerInput) {
39           return handlerInput.requestEnvelope.request.type === 'IntentRequest' &&
```

```
40              handlerInput.requestEnvelope.request.intent.name === 'StartIntent' &&
41              handlerInput.requestEnvelope.request.dialogState === 'STARTED';
42      },
43      handle(handlerInput) {
44          const intent = handlerInput.requestEnvelope.request.intent;
45          var modeSlot = intent.slots.modeSlot;
46          var modeVal = '';
47          var speechText = '';
48
49          if (modeSlot.value != null) {
50              if (modeSlot.resolutions["resolutionsPerAuthority"][0]["status"]["code"]
    == 'ER_SUCCESS_MATCH') {
51
52                  modeVal = modeSlot.resolutions["resolutionsPerAuthority"][0]["values"]
    [0]["value"]["name"];
53
54                  if (modeVal === 'save') {
55                      return handlerInput.responseBuilder
56                      .addDelegateDirective()
57                      .getResponse();
58
59                  } else {
60                      // 저장되어 있는 메모를 로드
61                      var attributes = handlerInput.attributesManager.
    getSessionAttributes();
62                      const memoVal = attributes.MemoVal;
63
64                      if (memoVal != null) {
65                          speechText = 'Here\'s your memo. "'+ memoVal + '"';
66
67                      } else {
68                          speechText = 'There\'s no memo here.';
69
70                      }
71
72                      return handlerInput.responseBuilder
73                      .speak(speechText)
74                      .reprompt(speechText)
75                      .getResponse();
76
77                  }
78              }
79          }
80
```

```
81        return handlerInput.responseBuilder
82          .addDelegateDirective()
83          .getResponse();
84
85      }
86    };
87
88    // 모든 슬롯에 값이 채워질 때
89    const StartCompletedIntentHandler = {
90      canHandle(handlerInput) {
91        return handlerInput.requestEnvelope.request.type === 'IntentRequest' &&
92        handlerInput.requestEnvelope.request.intent.name === 'StartIntent' &&
93        handlerInput.requestEnvelope.request.dialogState === 'IN_PROGRESS';
94      },
95      handle(handlerInput) {
96        const intent = handlerInput.requestEnvelope.request.intent;
97        const memoVal = intent.slots.anySlot.value;
98
99        var speechText = 'I\'ve written down your memo.';
100       const repeatText = 'If you want to write a memo say "save memo". If you want
    to hear the memo say "load memo".';
101
102       return new Promise((resolve, reject) => {
103         handlerInput.attributesManager.getPersistentAttributes()
104           .then((attributes) => {
105             // 저장
106             attributes.MemoVal = memoVal;
107
108             // 세션에 값을 전달
109             handlerInput.attributesManager.setSessionAttributes(attributes);
110
111             handlerInput.attributesManager
112               .setPersistentAttributes(attributes);
113             return handlerInput.attributesManager.savePersistentAttributes();
114
115           })
116           .then(() => {
117             resolve(handlerInput.responseBuilder
118               .speak(speechText)
119               .reprompt(speechText)
120               .getResponse());
121           })
122           .catch((error) => {
123             reject(error);
```

```
124                });
125            });
126        }
127    };
128
129    // 종료할 때 호출
130    const SessionEndedRequestHandler = {
131        canHandle(handlerInput) {
132            return handlerInput.requestEnvelope.request.type === 'SessionEndedRequest';
133        },
134        handle(handlerInput) {
135            return handlerInput.responseBuilder.getResponse();
136        }
137    };
138
139    // EndIntent
140    const EndHandler = {
141        canHandle(handlerInput) {
142            return handlerInput.requestEnvelope.request.type === 'IntentRequest' &&
143            handlerInput.requestEnvelope.request.intent.name === 'AMAZON.StopIntent';
144        },
145        handle(handlerInput) {
146            const speechText = 'I am stopping memo skill. Bye!';
147
148            return handlerInput.responseBuilder
149                .speak(speechText)  /* reprompt가 없으므로 대화를 종료 */
150                .getResponse();
151        }
152    };
153
154    const ErrorHandler = {
155        canHandle(handlerInput) {
156            return true;
157        },
158        handle(handlerInput) {
159            return handlerInput.responseBuilder
160                .speak('Please tell me once more.')
161                .reprompt('Please tell me once more.')
162                .getResponse();
163        }
164    };
165
166    exports.handler = Alexa.SkillBuilders.standard()
167        .addRequestHandlers(
```

```
168        LaunchRequestHandler,
169        StartProgressIntentHandler,
170        StartCompletedIntentHandler,
171        EndHandler,
172        SessionEndedRequestHandler)
173    .addErrorHandlers(ErrorHandler)
174    .withTableName("MemoData")       /* 테이블 생성 */
175    .withAutoCreateTable(true)       /* 테이블 자동 생성 */
176    .lambda();
```

6~34행

스킬이 실행될 때의 처리를 합니다.

11행

사용자가 이어서 할 말을 유도하기 위한 메시지를 등록합니다. 이것으로 사용자로부터 "세이브 메모" 또는 "로드 메모"라는 표현을 기다립니다.

16행

데이터베이스를 생성합니다.

20행

데이터베이스에서 저장되어 있는 값을 가져옵니다. 처음에 스킬이 실행된 경우에는 아무 값도 들어 있지 않습니다.

37~86행

메모를 저장할지 로드할지를 판단합니다.

52행

사용자가 "세이브 메모"라고 말하면 값에 "save"가 들어오므로 저장할 단어를 받아오기 위해 다음 행동을 기다립니다.

61행

사용자가 "로드 메모"라고 말하면 세션에서 저장되어 있는 데이터를 받아옵니다. 메모를 발견하면 "Here's your memo. "+ memoVal +"""이라고 저장되어 있는 내용을 말합니다.

68행

메모를 저장하지 않은 상태에서 "로드 메모"라고 불릴 때 "There's no memo here."라는 응답을 준비해 둡니다.

89~127행

메모를 저장하는 처리를 합니다.

97행

anySlot에 들어 있는 값을 받아 옵니다.

113행

데이터베이스에 저장합니다.

166~176행

프로그램의 처리를 등록합니다.

174~175행

데이터베이스의 테이블을 자동으로 만드는 처리를 등록합니다.

이것으로 메모 스킬 준비가 완료되었습니다.

▶ 시뮬레이터에서 확인하기

Lambda의 설정을 진행하고 스킬을 실행할 준비가 끝났습니다. Amazon Developer의 화면에서 Test 탭을 클릭합니다(화면 18). "memo skill"을 입력하여 화면 18과 같이 제대로 설정되었는지 확인합니다.

[화면 18] 메모 스킬 실행 화면

메모 저장이 완료되면 일단 스킬을 종료하여 다시 실행시킵니다. "load memo"를 입력합니다(화면 19). 저장된 메모가 표시됩니다.

[화면 19] 저장된 메모 표시

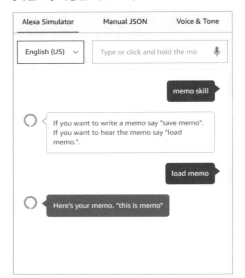

Chapter 5 세 가지 기종에 대응하는 스킬 개발

Node-RED로 Google Home / Amazon Echo용 스킬 개발하기

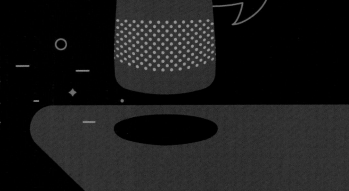

이번 장에서는 Node-RED(노드 레드)라고 하는 에디터를 사용하여 스킬을 개발합니다. Node-RED는 드래그 앤 드롭 방식으로 직관적으로 편리하게 사용할 수 있는 에디터입니다. 지금까지 만든 스킬을 Node-RED로 바꿔 보도록 하겠습니다. 효율적으로 사용하면 코딩을 거의 하지 않고도 개발이 가능합니다.

6.1 Node-RED(노드 레드)란

Node-RED란 IBM 연구소가 개발한 오픈소스 소프트웨어로, GUI(그래픽 유저 인터페이스)로 직관적으로 데이터의 흐름을 정의할 수 있는 비주얼 데이터 플로우 에디터입니다.

▶ Node-RED의 화면

Node-RED 에디터는 화면 1과 같습니다. 노드는 여러 가지 처리가 가능한 부품을 가리키며, 와이어로 불리는 선을 각 노드에 드래그하여 연결시켜 접속합니다. 노드를 더블 클릭하면 프로퍼티 화면이 나타납니다. 더블 클릭한 노드는 독자적으로 기능 설정을 하거나 프로그램 코드를 편집할 수 있습니다. 오른쪽 위의 [배포하기] 버튼을 클릭하면 설정이 반영됩니다.

[화면 1] Node-RED 화면

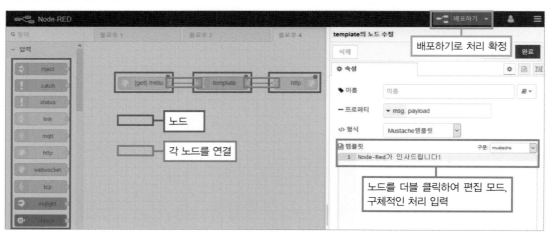

노드에는 이 밖에도 여러 가지가 있는데, 예를 들면 트위터와 연결이 가능한 노드나 데이터베이스에 접속할 수 있는 노드가 있습니다. 개발자가 특정 기능을 가진 노드를 개발할 수도 있고 개발한 노드를 누구라도 사용할 수 있도록 전 세계에 공개할 수도 있습니다. 매일 진화하는 여러 가지 기능을 가진 노드가 개발되고 있습니다.

Node-RED는 RESTful API를 만들 수 있습니다. 스마트 스피커 스킬 개발에서 RESTful API

는 필수입니다. RESTful API란 Web 시스템을 외부에서 이용하기 위한 호출 규약의 하나입니다. Google Home에서는 Fulfillment, Amazon Echo에서는 엔드포인트로 지정한 호출 규약을 설정하고 있습니다. 같은 URL에 대해 GET 메소드라면 요청, POST 메소드라면 입력과 같이, 개발자가 어떤 처리를 하는지를 메소드로 지정할 수 있습니다. 앞서 화면 1에서 설정한 것을 배포하여 URL에 접속하면 간단한 웹 페이지가 나타납니다.

Node-RED는 무료로 사용할 수 있습니다. 다음 절에서 IBM의 라이트 계정을 발행하여 Node-RED 환경을 구축해 보겠습니다.

Column

이번 장에서 언급한 노드에 대해

이번 장에서 설명한 노드를 표로 정리했습니다. 노드는 반드시 에디터 영역에 드래그 앤 드롭하고 프로퍼티 설정을 할 때에는 노드를 더블 클릭하여 수정합니다.

이후 절에서는 이 노드를 에디터 영역에 드래그 앤 드롭해서 작업을 진행합니다. 지금 어떤 것을 해야 할지 모를 때에는 이 칼럼을 다시 한번 읽어 보시길 권합니다.

[표] 이번 절에 등장하는 노드

카테고리	노드 종류	기능
network	http in	접속하기 위한 URL을 지정합니다. 기본적인 메소드는 POST를 사용합니다.
기능	function	프로그램을 처리하는 코드를 작성합니다. 언어는 JavaScript로 작성합니다.
기능	template	스마트 스피커에 전달할 구문을 JSON으로 설정합니다.
기능	switch	조건 분기를 실행합니다. 조건에 따라 처리를 진행합니다.
기능	change	값을 다른 변수에 대입하거나 값을 치환합니다.
network	http response	스마트 스피커에 노드로 진행한 결과를 출력합니다. 설정을 변경할 필요는 없습니다.

6·2 Node-RED 환경 구축하기

Node-RED 환경을 구축하겠습니다. IBM사는 누구든지 무료로 Node-RED를 이용할 수 있는 환경을 제공합니다. 우선 무료 계정을 생성하겠습니다.

▶ 계정 만들기

IBM Cloud 무료 계정 작성 페이지(화면 1)에 접속합니다(https://www.ibm.com/kr-ko/cloud). 신용카드 정보가 없어도 여러 가지 서비스를 무료로 사용할 수 있습니다. [클라우드 등록/로그인] 버튼을 클릭합니다.

[화면 1] [클라우드 등록/로그인] 버튼 클릭

이미 계정을 만드신 분은 이 단계를 건너뛴 뒤 오른쪽 위의 [클라우드 등록/로그인] 버튼을 클릭하여 로그인을 해 주세요. 아직 계정이 없으신 분은 이메일, 이름, 성, 비밀번호를 입력하고 [계정 생성] 버튼을 클릭합니다(화면 2).

[화면 2] 필요 항목 입력 후 [계정 생성] 버튼 클릭

계정을 생성하였으면 입력한 이메일로 인증 메일을 받게 됩니다. [Confirm account] 버튼을 클릭하여 인증을 진행합니다(화면 3).

[화면 3] [Confirm account] 버튼 클릭

▶ Node-RED 환경 구축하기

　[로그인] 버튼을 클릭하여 로그인합니다. 처음 로그인하면 개인정보 보호 동의를 진행하게 되며 규약을 확인하고 [계속] 버튼을 클릭합니다. 로그인이 완료되면 화면 4가 나타납니다. 오른쪽의 [리소스 작성] 버튼을 클릭하여 Node-RED 환경을 구축합니다.

[화면 4] IBM Cloud 대시보드 화면. [리소스 작성] 버튼 클릭

　리소스 및 오퍼링 검색 영역에 "node-red"를 입력하면 화면 5와 같이 표시되는 "Node-RED App"을 클릭합니다.

[화면 5] "node-red"로 검색 후 "Node-RED APP" 클릭

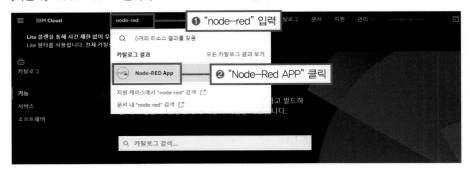

앱 세부사항에 무작위로 생성된 이름이 나타납니다(화면 6). 해당 기본 이름을 그대로 사용하거나 앱의 고유한 이름을 지정하면 되는데, 이는 앱 URL의 일부가 됩니다. 고유한 이름이 아니면 오류 메시지가 표시되므로 다른 이름을 입력하도록 합니다. 서비스 세부사항에서 서비스를 생성할 영역과 가격 플랜을 선택한 후 [작성] 버튼을 클릭합니다.

[화면 6] 앱 이름을 입력하고 [작성] 버튼 클릭

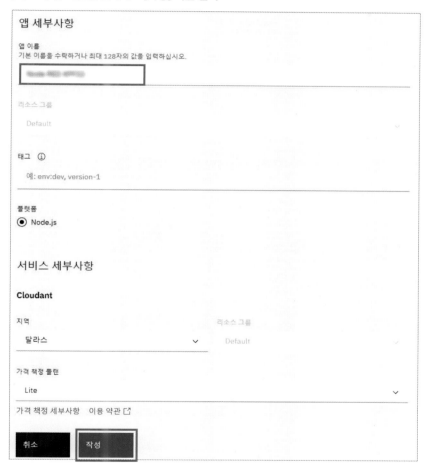

앱과 리소스를 생성하였으므로, 이제 앱을 Cloud Foundry에 배치하는 Continuous Delivery 구성 설정을 합니다. [Deploy your app] 버튼을 클릭합니다(화면 7).

[화면 7] [Deploy your app] 버튼 클릭

    [New] 버튼을 클릭해 API 키를 생성합니다(화면 8). 메시지 대화 상자가 나타나면 표시된 내용을 읽은 후 대화상자를 닫습니다. 인스턴스당 메모리 할당은 256MB로 늘리고 애플리케이션을 배포할 지역을 선택합니다. 이때 배포할 지역은 앞서 화면 6에서 Cloudant 인스턴스를 생성한 지역과 일치해야 합니다. 마지막으로 DevOps 툴 체인을 생성할 지역을 선택하고 [작성] 버튼을 클릭합니다.

[화면 8] 앱 배치 설정

Chapter 6 Node-RED로 Google Home / Amazon Echo용 스킬 개발하기

잠시 후 화면 9처럼 Delivery Pipeline의 상태 필드에 "진행 중"이 표시되는데, 이는 앱이 여전히 구축되고 있다는 뜻입니다. "진행 중"을 클릭합니다.

[화면 9] 앱이 구축되는 중

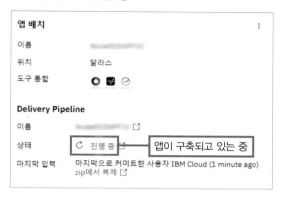

배포 단계를 완료하는 데에는 몇 분 정도의 시간이 소요됩니다. "로그 및 히스토리 보기"를 클릭하면 진행 상황을 확인할 수 있습니다(화면 10). 파란색 바가 초록색으로 바뀌고 "단계 패스됨"이 나타나면 이제 Node-RED Starter 앱을 실행할 수 있습니다.

[화면 10] 배포 완료

Node-RED 앱을 배포했으므로 이제 열어 봅시다. 왼쪽의 메뉴를 열어 "리소스 목록"을 클릭합니다(화면 11).

[화면 11] "리소스 목록" 클릭

새로 생성한 Node-Red 앱 항목이 화면 12처럼 앱 섹션과 Cloud Foundry 앱 섹션에 표시됩니다. Cloud Foundry의 앱 항목을 클릭하여 배포된 앱의 세부 정보 페이지로 이동합니다.

[화면 12] Cloud Foundry의 앱 항목 클릭

Node-Red Starter 앱에 액세스하기 위해 "Visit App URL"을 클릭합니다(화면 13).

[화면 13] "Visit App URL" 클릭

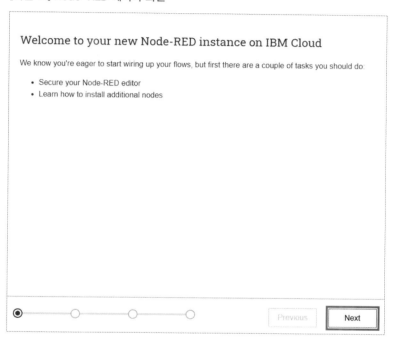

화면 14처럼 새 창이 열리면 [Next] 버튼을 클릭합니다.

[화면 14] Node-RED 에디터 화면

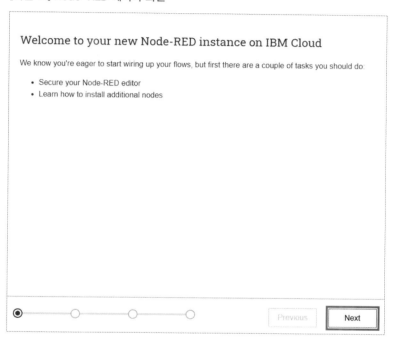

Node-RED에 접속하기 위한 사용자 이름과 비밀번호를 설정합니다(화면 15). 이때 IBM 무료 계정과 동일하게 하거나 새롭게 설정해도 상관 없습니다. Node-RED에 로그인하기 위해서는 꼭 필요한 정보이기 때문에 잊지 않도록 합니다. 입력이 끝나면 [Next] 버튼을 클릭합니다.

[화면 15] Username과 Password 입력 후 [Next] 버튼 클릭

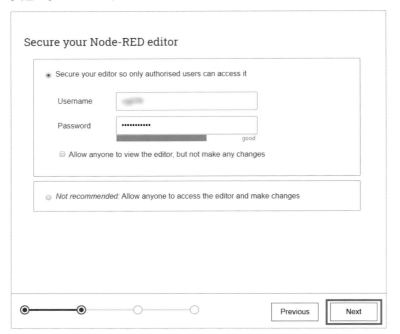

화면 16의 내용은 추가 노드를 설치하기 위한 방법을 안내합니다. [Next] 버튼을 클릭합니다.

[화면 16] 내용 확인 후 [Next] 버튼 클릭

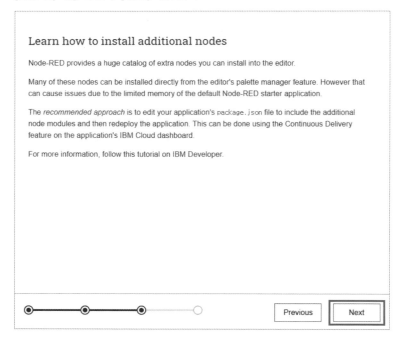

이것으로 Node-RED 환경 구축이 끝났습니다(화면 17). 오른쪽 아래의 [Finish] 버튼을 클릭하여 완료합니다.

[화면 17] [Finish] 버튼 클릭

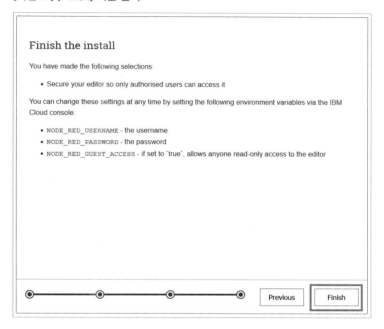

화면 18로 이동하면 [Go to your Node-RED flow editor] 버튼을 클릭하여 화면 9에서 설정한 Node-RED의 사용자명과 비밀번호를 입력하여 로그인합니다(화면 19).

[화면 18] [Go to your Node-RED flow editor] 버튼 클릭

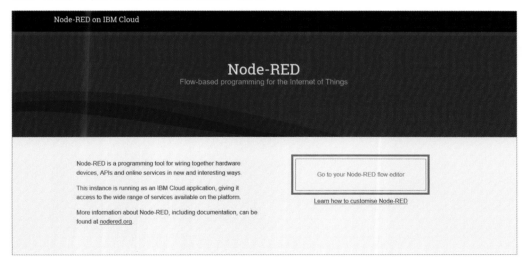

[화면 19] 사용자명과 비밀번호 입력 후 로그인

로그인하면 화면 20이 나타납니다. 이것으로 Node-RED의 환경 구축이 끝났습니다. 다음 절부터는 스마트 스피커와 연계하는 방법을 설명하겠습니다.

[화면 20] Node-RED 에디터 화면

6 3 인사 스킬을 Node-RED에 대응하기 – Google Home편

이번 절에서는 6-2절에서 환경 구축한 Node-RED를 사용하여 인사 스킬의 답변을 실행합니다. 2-3절에서 만든 인사 스킬을 사용합니다.

▶ 응답 API 만들기

인사 스킬의 대답을 Node-RED에서 실행하기 위한 호출 규약(API)을 만듭니다. 기본 조작은 드래그 앤 드롭으로 각 노드를 와이어로 연결하기만 하면 되어 매우 간단합니다(화면 1).

network 카테고리에 있는 "http in" 노드를 에디터 영역에 드래그 앤 드롭합니다. 드래그 앤 드롭한 "http in" 노드를 더블 클릭하여 편집 화면을 표시합니다. 메소드는 메뉴에서 "POST"를 선택합니다. 즉, 스마트 스피커로부터 실행될 메소드는 "POST"로 호출되는 방식이 됩니다. URL은 "/api/hello"라고 입력하고 [완료] 버튼을 클릭합니다.

[화면 1] "http in" 노드를 드래그 앤 드롭 하고 노드 편집

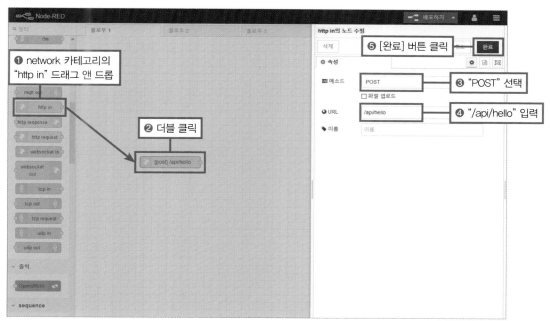

기능 카테고리에 있는 "template" 노드를 드래그 앤 드롭한 후 더블 클릭합니다(화면 2). 템플릿 구문은 "JSON"을 선택하고 출력 형식도 "JSON"을 선택합니다. 템플릿에는 아래 소스를 입력합니다.

"template" 노드를 더블 클릭 (GoogleHome/Node-RED/Hello/Hello.txt 내용 붙여 넣기)

```
1  {
2      "fulfillmentText":"Node-RED가 인사 드립니다!"
3  }
```

2행

Google Home의 발화는 "fulfillmentText"라는 항목에 어떤 말을 하게 할지를 설정합니다.

화면 2에서는 fulfillmentText에 "Node-RED가 인사 드립니다!"라는 대답을 하게 했습니다. Google Home의 응답은 "fulfillmentText"에 설정하여 둡니다. 이때 대소문자에 주의하여 입력합니다.

[화면 2] 소스 입력

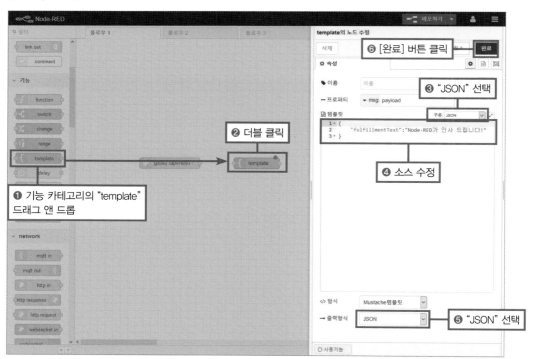

Chapter 6 Node-RED로 Google Home / Amazon Echo용 스킬 개발하기

network 카테고리에 있는 "http response" 노드를 드래그 앤 드롭합니다(화면 3). 이 노드는 template에서 설정한 정보를 Google Home에 돌려주는 역할을 하며, 더블 클릭하여 수정할 항목은 없습니다.

[화면 3] "http response" 노드를 드래그 앤 드롭

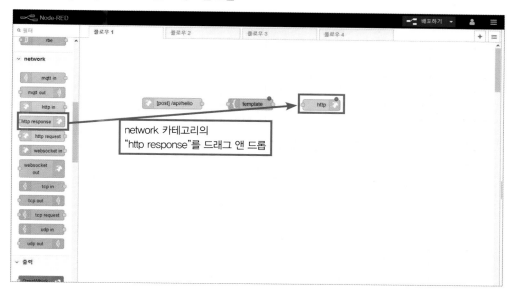

각 노드에 네모난 마크가 있습니다. 네모난 마크를 드래그하여 늘리면 와이어가 나타나고, 이로 각 노드를 연결해 갑니다. 이런 점이 Node-RED의 매력 중 하나 입니다. 시각적으로 노드를 연결하기 때문에 처리의 흐름을 한눈에 알아볼 수 있습니다. 화면 4와 같이 노드를 연결하고 나면 오른쪽 위의 [배포하기] 버튼을 클릭합니다. 배포하기를 클릭하면 설정이 저장되고 API가 공개되어 Google Home과 연계할 준비가 됩니다.

[화면 4] 각 노드를 연결하고 [배포하기] 버튼 클릭

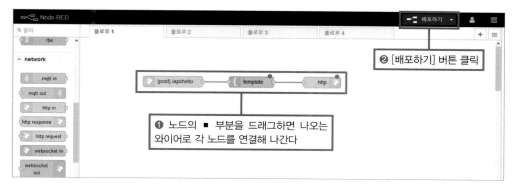

▶ Webhook의 URL을 Node-RED에 맞추기

배포가 끝나면 Dialogflow에 접속하여 2-3절에서 만든 인사 스킬을 엽니다.

화면 5의 왼쪽 메뉴에 있는 Fulfillment를 클릭하여 Webhook의 "ENABLED"를 활성화합니다. 활성화하면 자동으로 Inline Editor의 버튼이 "DISABLED"로 바뀝니다. Webhook의 URL에 Node-RED의 접속 URL을 지정합니다. 접속할 URL은 Node-RED의 앱 이름을 포함한 URL로, "https://〈Node-RED 앱 이름〉.mybluemix.net/api/hello"라고 입력합니다. [SAVE] 버튼을 클릭하여 저장합니다.

[화면 5] Webhook을 활성화하고 접속 URL지정

Try it now에서 동작을 확인합니다. "안녕하세요"를 입력하면 지금까지의 대답은 "Webhook이 인사드립니다!"였지만, 접속할 URL을 변경하였으므로 화면 6과 같이 "Node-RED가 인사드립니다!"로 바뀝니다.

[화면 6] 응답이 Node-RED에서 설정한 것으로 변경됨

화면 2에서 설정한 템플릿의 표현을 다른 표현으로 바꾸어서 응답하는 표현이 바뀌는 것을 확인해 봅니다.

6 / 4 BMI 측정 스킬을 Node-RED 에 대응하기 – Google Home편

이번 절에서는 BMI 측정 스킬의 대답을 Node-RED로 진행하겠습니다. Node-RED에 BMI를 계산하여 결과를 돌려주는 부분의 적용을 진행하며, 여기서는 5-1절에서 만든 BMI 스킬을 이용하겠습니다.

▶ Node-RED에 BMI 측정 처리 적용

Node-RED에 접속하여 network 카테고리에 있는 "htt in"을 에디터 영역에 드래그 앤 드롭을 합니다. "http in"을 더블 클릭하여 노드를 편집합니다(화면 1). 메소드는 "POST"를 선택하고 URL은 "/api/bmi"라고 입력합니다. 편집이 끝나면 [완료] 버튼을 클릭합니다.

[화면 1] "http in" 노드를 드래그 앤 드롭하고 노드 편집

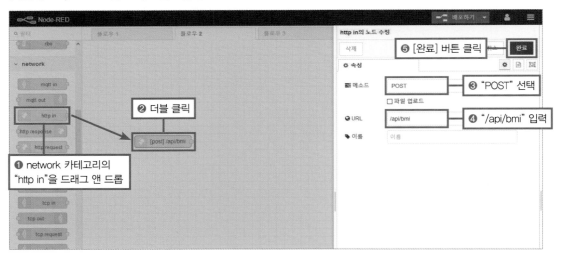

Dialogflow에서 여러 파라미터를 보내는데, 기능 카테고리에 있는 "change" 노드를 이용하여 값을 대입합니다(화면 2). 대입하는 대상의 값은 "msg.data"에 "msg.payload.queryResult. parameters"의 값을 대입합니다. 이때 주의할 점은 "msg."는 드롭다운 메뉴에서 선택합니다.

queryResult.parameters에는 Dialogflow에서 보내는 신장 데이터와 체중 데이터가 들어 있습니다.

[+ 추가] 버튼을 클릭하면 룰이 추가됩니다. "msg.user"에 "msg.payload.originalDetectIntentRequest.payload.user"의 값을 대입합니다. "user"는 사용자를 식별하기 위한 정보가 들어 있습니다. 룰의 설정이 끝나면 오른쪽 위의 [완료] 버튼을 클릭합니다.

[화면 2] parameters의 값과 user의 값 대입

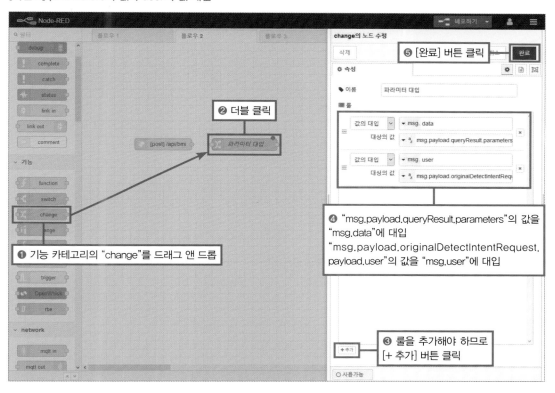

기능 카테고리의 "switch" 노드를 드래그 앤 드롭합니다(화면 3). "switch" 노드는 조건식에 따라 값의 처리를 구분하는 기능을 가지는 노드입니다. "switch" 노드를 더블 클릭하여 편집을 진행합니다. 프로퍼티 값에 "payload.queryResult.intent.displayName"을 입력합니다. "displayName"은 Dialogflow에서 통신할 때의 Intent 이름이 들어 있습니다. Intent 이름이 "StartIntent"인지 체크합니다. 조건을 추가하기 위해 [+ 추가] 버튼을 클릭하여 조건 행을 추가합니다. "StartIntent" 이외의 조건도 전달받기 위해 "그 외"를 메뉴에서 선택하고 [완료] 버튼을 클릭합니다.

[화면 3] Intent 이름이 "StartIntent"인지 체크

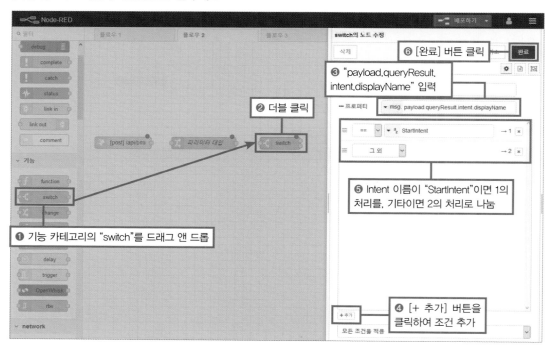

기능 카테고리의 "function" 노드를 드래그 앤 드롭합니다(화면 4). "function" 노드는 프로그램의 처리를 실행하는 노드입니다. 이번 예에서는 BMI 계산을 실행하여 결과를 저장하는 처리까지 진행합니다. "function" 노드를 더블 클릭하여 소스를 입력합니다.

"function" 노드를 더블 클릭(GoogleHome/Node-RED/BMI/BMI1.txt 내용 붙여 넣기)

```
1   // 값 가져오기
2   const heightVal = msg.data.HeightVal;
3   const weightVal = msg.data.WeightVal;
4
5   // BMI 값 계산
6   const myBMI = (parseFloat(weightVal) / (parseFloat(heightVal)/100 *
    parseFloat(heightVal)/100)).toFixed(1);
7
8   // 표준 체중 산출
9   const stdWeight = (22 * (parseFloat(heightVal)/100 * parseFloat(heightVal)/100)).
    toFixed(1);
10
11  // 결과 값 저장
12  msg.ret = {
```

```
13      "bmi": myBMI,
14      "std": stdWeight,
15      "hei": heightVal
16    };
17
18    return msg;
```

2~3행

"msg.data"에 저장되어 있는 신장과 체중의 데이터를 전달받습니다.

6행

신장과 체중 데이터를 바탕으로 BMI 계산을 실행합니다.

9행

표준 체중을 산출합니다.

12~16행

"msg.ret"에 결과를 저장합니다.

[화면 4] "function" 노드에 BMI 값 계산 처리를 입력

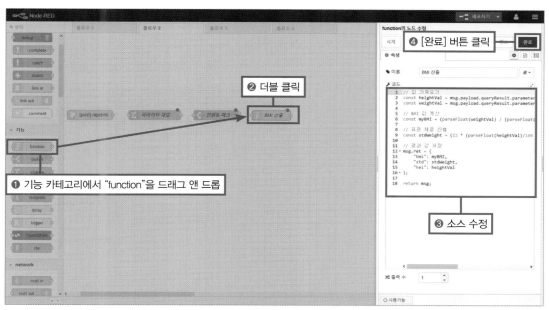

결과를 Google Home에 돌려주기 위해 "template" 노드를 드래그 앤 드롭합니다(화면 5). "template" 노드를 더블 클릭하여 소스를 수정합니다.

"template" 노드를 더블 클릭(GoogleHome/Node-RED/BMI/BMI2.txt 내용 붙여 넣기)

```
 1  {
 2      "payload": {
 3          "google": {
 4              "exectUserResponse": true,
 5              "richResponse": {
 6                  "items": [
 7                      {
 8                          "simpleResponse": {
 9                              "textToSpeech": "BMI는 {{ret.bmi}}입니다. 표준 체중은 {{ret.std}}kg입니다. 다시 한 번 측정하시겠습니까?"
10                          }
11                      }]
12                  },
13              "userStorage":"{\"data\":{\"HeightVal\":\"{{ret.hei}}\"}}"
14          }
15      }
16  }
```

9행

"simpleResponse"의 "textToSpeech"에 BMI 값을 말하게 할 문구를 입력합니다. 중괄호로 감싸진 부분에 값이 대입됩니다.

13행

스토리지에 신장 데이터를 저장하는 처리를 진행합니다. 이때 주의할 점은 스토리지에 저장할 데이터 형식은 "문자열"로 보내야 합니다. JSON 형식으로 전달하게 되면 스토리지에 저장되지 않습니다.

구문과 출력 형식 모두 "JSON"을 선택합니다(화면 5).

[화면 5] "template" 노드를 더블 클릭하여 편집 진행

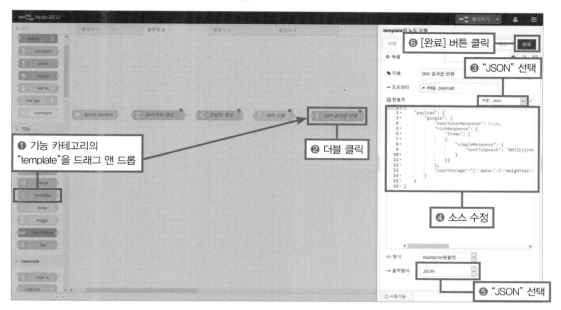

network 카테고리의 "http response" 노드를 드래그 앤 드롭합니다(화면 6). 응답을 Google Home에게 돌려주기 위한 노드입니다.

[화면 6] "http response" 드래그 앤 드롭

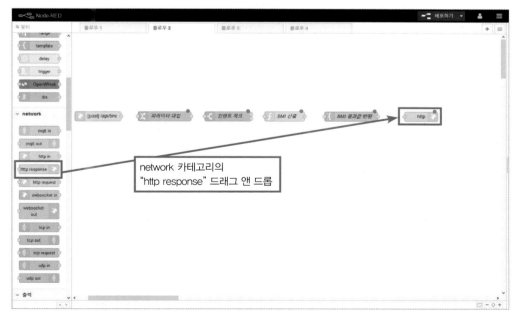

기능 카테고리의 "function" 노드를 드래그 앤 드롭합니다(화면 7). 이상적인 체중을 산출하기 위한 처리를 "function" 노드에 작성합니다. 더블 클릭하여 편집 화면을 표시합니다. 사용자 스토리지에 저장되어 있는 신장 데이터를 바탕으로 이상적인 체중을 산출합니다.

"function" 노드를 더블 클릭(GoogleHome/Node-RED/BMI/BMI3.txt 내용 붙여 넣기)

```
1   // userStorage를 JSON으로 변환
2   const userStorage = JSON.parse(msg.user.userStorage);
3
4   // 값 가져오기
5   const heightVal = userStorage.data.HeightVal;
6   const bmiVal = msg.data.BMIVal;
7
8   // 이상적인 체중 계산
9   const retWeight = (bmiVal * (parseFloat(heightVal)/100 * parseFloat(heightVal)/100)).
    toFixed(1);
10
11  msg.ret = {
12      "val": retWeight
13  };
14
15  return msg;
```

2행

사용자 스토리지에서 신장 데이터를 받아 옵니다. 문자열로 받아 오기 때문에 JSON 형태로 변환합니다.

6행

Dialogflow로부터 이상적인 BMI 산출 값을 받아 옵니다.

9행

받아 온 신장 데이터와 BMI 값을 바탕으로 이상적인 체중을 산출합니다.

11~13행

결과를 전달합니다.

기능 카테고리의 "template" 노드를 드래그 앤 드롭하여 노드를 편집합니다(화면 8). Google Home이 말하게 할 결과 내용을 작성합니다. 구문과 출력 형식 모두 "JSON"으로 바꾼 뒤 템플릿은 아래의 소스를 입력합니다.

"template" 노드를 더블 클릭 (GoogleHome/Node-RED/BMI/BMI4.txt 내용 붙여 넣기)

```
1  {
2      "fulfillmentText": "{{data.BMIValWord}} 체중은 {{ret.val}}kg입니다."
3  }
```

2행

{{data.BMIValWord}}는 Dialogflow에서 설정한 것입니다. 이 값은 "표준", "이상", "신데렐라", "모델" 중 하나의 단어를 전달합니다. 체중 결과는 "msg.ret.val"에 대입되며 값을 출력합니다.

[화면 8] 결과 출력 처리

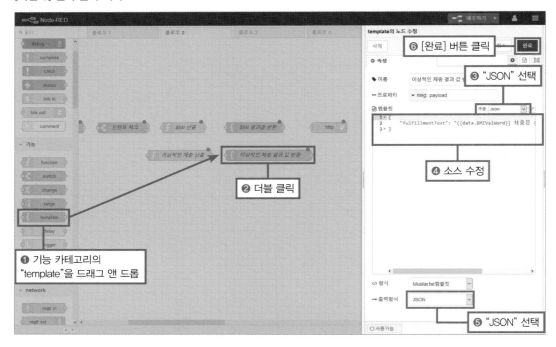

각 노드를 화면 9와 같이 연결해 나갑니다. 연결을 잊지 않도록 주의합니다. 모두 끝나면 오른쪽 위의 [배포하기] 버튼을 클릭하여 적용합니다.

[화면 9] 각 노드를 연결하고 [배포하기] 버튼 클릭

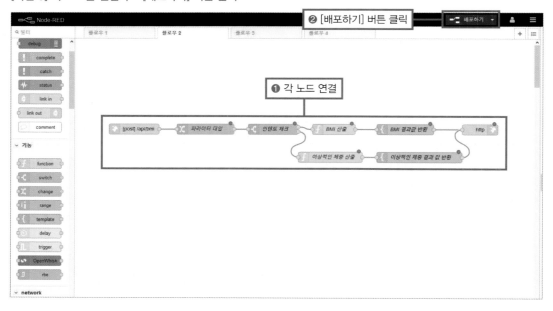

Chapter 6 Node-RED로 Google Home / Amazon Echo용 스킬 개발하기

▶ Dialogflow 설정하기

Dialogflow에 접속하여 BMI 프로젝트를 표시합니다. 화면 10의 왼쪽 메뉴의 Fulfillment를 클릭하여 Webhook을 활성화합니다. URL에 Node-RED의 접속 URL인 "https://⟨Node-RED 프로젝트 이름⟩.mybluemix.net/api/bmi"를 입력합니다. [SAVE] 버튼을 클릭하여 저장이 끝나면 시뮬레이터를 실행하여 잘 동작하는지 확인해 봅니다.

[화면 10] Webhook을 활성화하고 Node-RED의 접속 URL 지정

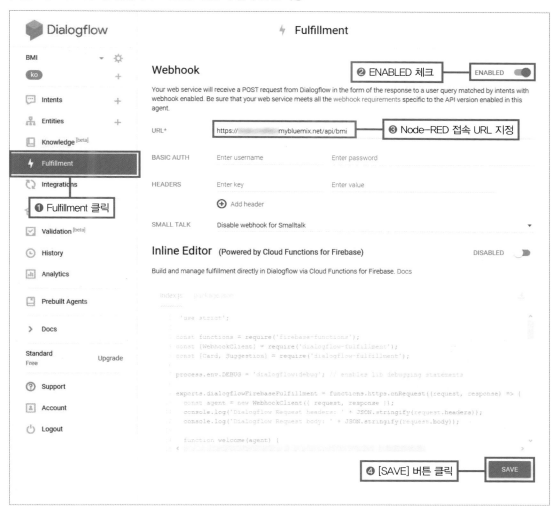

6-5 인사 스킬을 Node-RED에 대응하기 – Amazon Echo편

이번 절에서는 6-2절에서 환경을 구축한 Node-RED를 사용하여 인사 스킬의 답변을 실행합니다. 3-3절에서 생성한 인사 스킬을 사용합니다.

▶ 응답 API 만들기

인사 스킬의 응답을 Node-RED에서 실행하기 위한 호출 규약(API)을 생성합니다. 화면 1의 network 카테고리의 "http in" 노드를 에디터 영역에 드래그 앤 드롭합니다. 드래그 앤 드롭한 "http in" 노드를 더블 클릭하여 편집 화면을 표시합니다. 메소드는 "POST"를 선택합니다. 스마트 스피커에서 실행되는 메소드는 "POST"로 오는 사양으로 되어 있습니다. URL은 "/alexa/hello"를 입력하고 [완료] 버튼을 클릭합니다.

[화면 1] "http in" 노드를 드래그 앤 드롭하고 URL을 지정

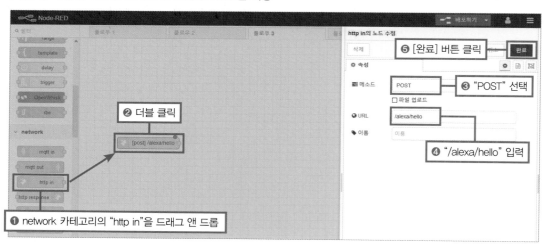

화면 2의 기능 카테고리의 "switch" 노드를 드래그 앤 드롭하고 "switch" 노드를 더블 클릭합니다. 프로퍼티에서 Amazon Echo로부터 날아오는 리퀘스트 타입으로 처리를 판별합니다. 리퀘스트 타입은 "msg.payload.request.type"으로 전달받습니다. 3-1절에 설명한 세 가지의 리퀘스트 타입으로 판별합니다.

[화면 2] 리퀘스트 타입으로 처리 분류

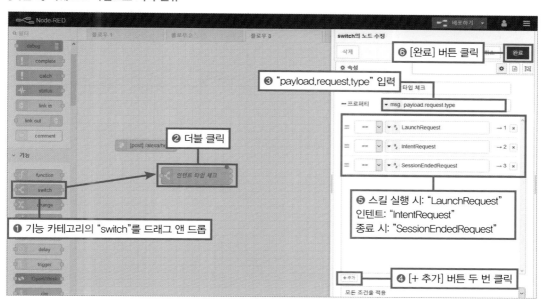

기능 카테고리의 "template" 노드를 드래그 앤 드롭하여 더블 클릭한 뒤 프로퍼티를 편집합니다(화면 3). 스킬을 시작할 때의 소스를 입력합니다.

"template" 노드 더블 클릭(Alexa/Node−RED/Hello/Hello1.txt 내용 붙여 넣기)

```
 1  {
 2    "version":"1.0",
 3    "response":{
 4      "outputSpeech": {
 5        "type":"PlainText",
 6          "text":"Node-RED says hello. Welcome to Alexa!"
 7      },
 8      "shouldEndSession":false
 9    }
10  }
```

6행

Amazon Echo가 말할 내용을 설정합니다.

8행

"shouldEndSession"의 값이 true면 대화를 마치고 스킬을 종료하고, false면 대화를 마치지 않고 스킬이 실행된 채로 둡니다. 스킬이 실행된 직후에 스킬을 종료하는 일은 보통 발생하지 않으므로 대화를 이어가기 위해 false로 설정해 둡니다.

[화면 3] 스킬 실행 때의 응답을 입력

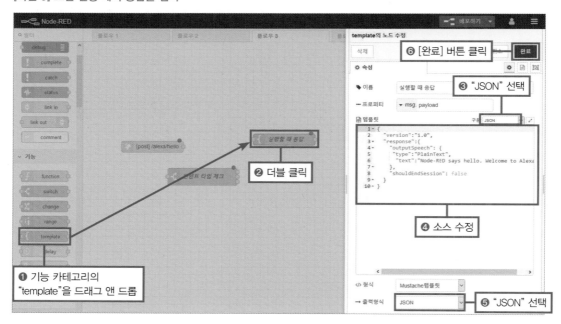

network 카테고리의 "http response" 노드를 드래그 앤 드롭 합니다(화면 4). Alexa의 응답을 공통으로 사용하므로 노드를 화면의 약간 오른쪽에 설치합니다.

[화면 4] "http response" 노드를 드래그 앤 드롭

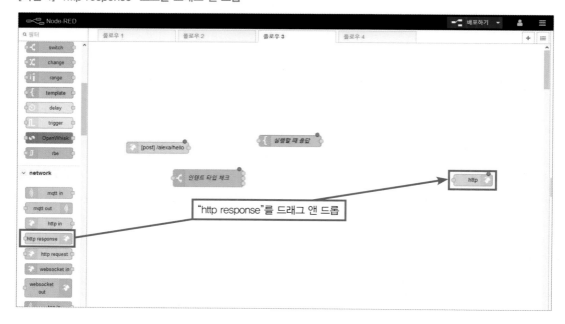

기능 카테고리의 "switch" 노드를 드래그 앤 드롭합니다(화면 5). "msg.payload.request.intent.name"에 인텐트 이름이 들어 있습니다. "switch" 노드로 인텐트 이름이 "HelloIntent"인지 체크합니다.

[화면 5] 인텐트 이름이 "HelloIntent"인지 체크

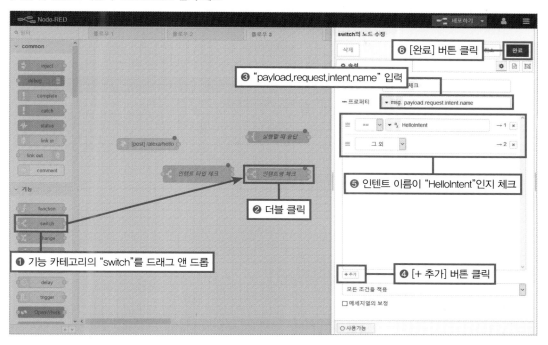

기능 카테고리의 "template" 노드를 드래그 앤 드롭합니다(화면 6). 인텐트 이름이 "HelloIntent"인 경우에 "Welcome to the world of NODE-RED!"라고 응답하게 합니다.

"template" 노드 더블 클릭(Alexa/Node-RED/Hello/Hello2.txt 내용 붙여 넣기)

```
1  {
2    "version":"1.0",
3    "response":{
4      "outputSpeech": {
5        "type":"PlainText",
6         "text":"Welcome to the world of NODE-RED!"
7      },
8      "shouldEndSession":false
9    }
10 }
```

6행

응답 메시지를 입력합니다.

8행

대화를 이어가기 위해 "shouldEndSession"은 false로 설정합니다.

[화면 6] 인텐트 이름이 "HelloIntent"이면 "Welcome to the world of NODE-RED!"라고 응답

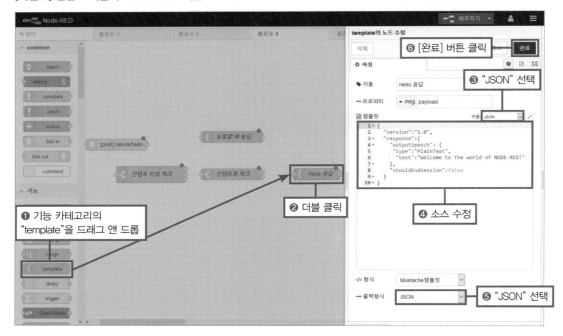

기능 카테고리의 "template" 노드를 드래그 앤 드롭합니다(화면 7). 종료할 때의 응답 메시지를 설정합니다. Amazon Echo에 "byebye"라는 말을 할 때 반응하는 처리입니다.

"template" 노드 더블 클릭 (Alexa/Node-REd/Hello/Hello3.txt 내용 붙여 넣기)

```
1  {
2    "version":"1.0",
3    "response":{
4      "outputSpeech": {
5       "type":"PlainText",
6        "text":"Bye! See you soon!"
7      },
8      "shouldEndSession":true
```

```
  9    }
 10  }
```

[화면 7] 스킬을 종료할 때의 처리

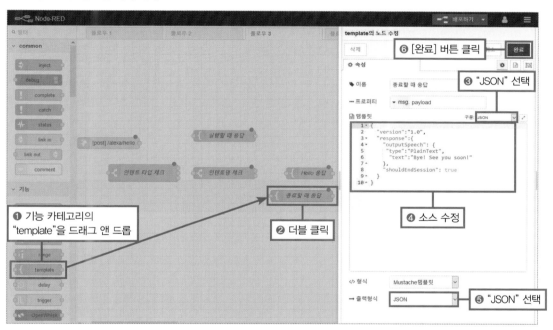

각 노드를 화면 8과 같이 연결해 나갑니다. 연결이 끝나면 오른쪽 위의 [배포하기] 버튼을 클릭합니다.

[화면 8] 각 노드를 연결하고 [배포하기] 버튼 클릭

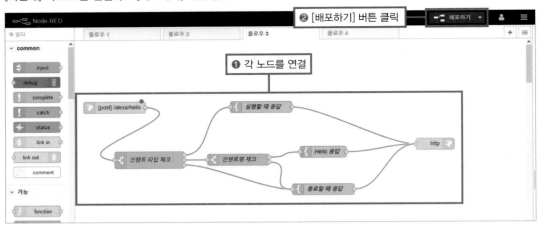

Amazon Developer에 접속하여 인사 스킬의 편집 링크를 클릭합니다(화면 9). 왼쪽 메뉴의 "Endpoint"를 클릭하고 서비스 엔드포인트 종류의 라디오 버튼은 "HTTPS"를 선택합니다. Default Region에 "https://〈Node-RED 앱 이름〉.mybluemix.net/alexa/hello"를 입력합니다. 아래의 메뉴에서 "My development endpoint is a sub-domain of…"를 선택합니다. [Save Endpoints] 버튼을 클릭합니다.

[화면 9] 엔드포인트 설정 진행

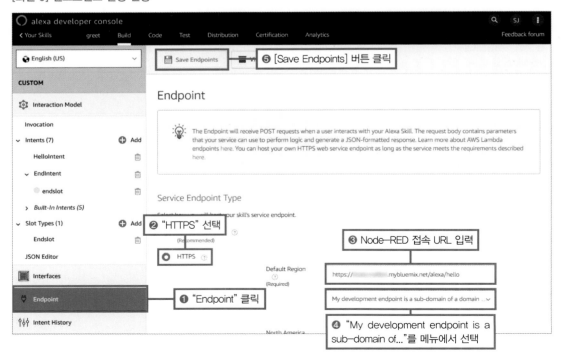

시뮬레이터에서 동작을 확인합니다. 화면 10과 같이 "greet"라고 하면 "Node-RED says hello. Welcome to Alexa!"라는 메시지가 되돌아옵니다. "hello"를 입력하면 "Welcome to the world of NODE-RED!"라고 대답합니다. 제대로 되돌아오지 않는 경우는 엔드포인트의 설정이 올바르게 되어 있는지 확인하거나 프로퍼티에 "a-z"가 아니라 "msg."를 메뉴에서 선택했는지 또는 Node-RED에서 [배포하기] 버튼을 클릭했는지 등을 확인합니다.

[화면 10] 시뮬레이터에서 동작 확인

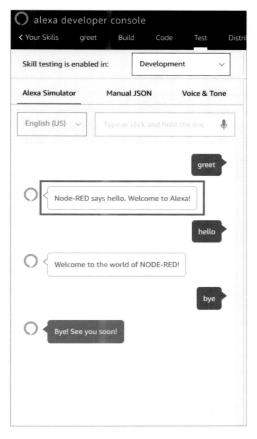

6·6 BMI 측정 스킬을 Node-RED에 대응하기 – Amazon Echo편

이번 절에서는 BMI 측정 스킬의 대답을 Node-RED로 진행하겠습니다. Node-RED에 BMI를 계산하여 결과를 돌려주는 부분의 적용을 진행합니다. 5-2절에서 생성한 BMI 측정 스킬을 사용하며, 신장 데이터를 저장하기 위해 새롭게 Firebase(파이어베이스)라고 하는 시스템을 이용합니다.

▶ Firebase(파이어베이스)에 신장 데이터 저장 준비

Firebase(파이어베이스)란 Google에서 제공하는 BaaS(Backend as a Service)입니다. 서버 측의 다양한 기능을 인터넷을 통해서 서비스로 제공하고 있는 클라우드 서비스의 일종입니다. Firebase는 기본적으로 무료로 이용할 수 있으며 이용 상황에 따라 과금되는 구조입니다. 과금 플랜에 관해서는 사이트에서 확인할 수 있습니다(https://firebase.google.com/pricing/?authuser=0).

Firebase에는 Realtime Database라고 하는 데이터베이스가 준비되어 있습니다. 무료 플랜이라면 동시 접속 100명, 1기가의 용량을 저장할 수 있기 때문에 취미로 이용할 예정이라면 무료 플랜으로도 충분합니다. 5-5절에서는 DynamoDB를 이용하여 신장 데이터를 저장하였지만 Node-RED에서 이용하기 위한 설정이 복잡하기 때문에 이 책에서는 Realtime Database를 이용하여 신장 데이터를 저장합니다.

먼저 Firebase에 접속합니다. Google 계정이 없으신 분은 새로 계정을 만듭니다(https://console.firebase.google.com/).

5-1절에서 Google Home용 BMI 측정 스킬을 만든 분은 화면 1과 같이 "BMI-XXXXX"로 된 부분을 클릭합니다. 프로젝트가 없는 분은 "프로젝트 추가"를 클릭합니다. 프로젝트 이름을 입력하고 국가/지역은 "대한민국"을 선택합니다.

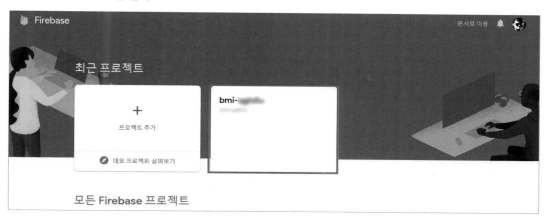

화면 2로 전환되면 왼쪽 메뉴에 있는 "Database"를 클릭하고 아래로 스크롤한 뒤 "Realtime Database"의 [데이터베이스 만들기] 버튼을 클릭합니다.

[화면 2] "Realtime Database"의 [데이터베이스 만들기] 버튼 클릭

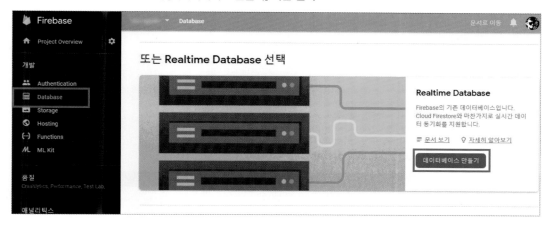

실시간 데이터베이스의 보안 규칙은 누구든지 데이터베이스를 쓸 수 있도록 "테스트 모드로 시작"을 선택하고 [사용 설정] 버튼을 클릭합니다(화면 3).

[화면 3] "테스트 모드로 시작"을 클릭하고 [사용 설정] 버튼 클릭

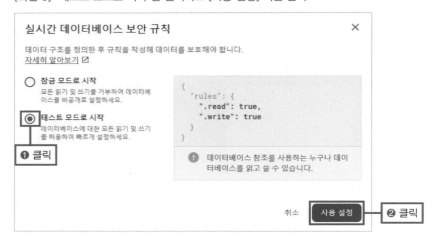

이것으로 Firebase의 준비가 끝났습니다. 이어서 Node-RED에서 작업을 진행하겠습니다

▶ 응답 API 만들기

Node-RED에 로그인하여 API를 만들겠습니다.

화면 4의 network 카테고리에 있는 "http in" 노드를 드래그 앤 드롭합니다. "http in" 노드를 더블 클릭하여 메소드는 "POST"를 선택하고 URL은 "/alexa/bmi"를 입력합니다. 입력이 끝나면 [완료] 버튼을 클릭합니다.

[화면 4] "http in" 노드를 드래그 앤 드롭하여 설정하기

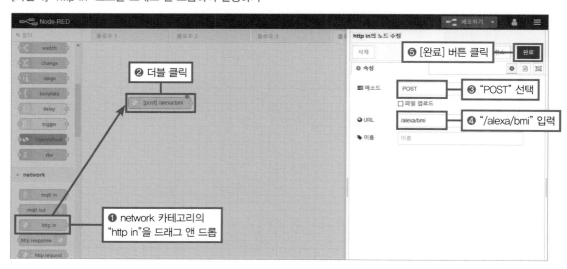

기능 카테고리의 "change" 노드를 드래그 앤 드롭합니다(화면 5). "change" 노드를 더블 클릭하여 노드를 편집합니다. 룰에 "msg.payload.request.intent.slots"의 값을 "msg.data"에 대입하였습니다. 이 룰은 Amazon Echo에서 전달되는 슬롯의 정보를 저장합니다. [+ 추가] 버튼을 클릭하여 룰을 추가하고 "msg.payload.session.user"를 "msg.user"에 대입합니다. 이 룰은 Amazon Echo에서 전달되는 사용자 정보를 저장합니다. 각각의 이름이 길기 때문에 짧은 값에 대입합니다. 대상의 값은 오른쪽에 있는 메뉴에서 "msg."를 잊지 않고 선택합니다.

[화면 5] 데이터 값 대입

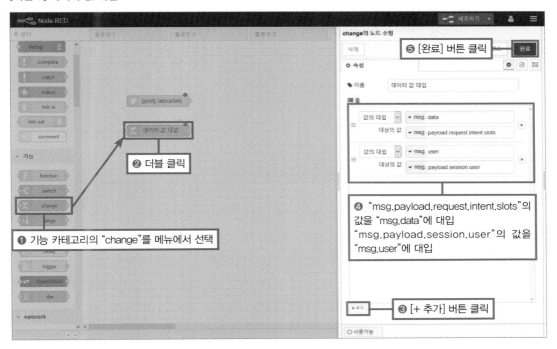

기능 카테고리의 "switch" 노드를 드래그 앤 드롭합니다(화면 6). "switch" 노드를 더블 클릭하여 노드를 편집합니다. 여기서는 Amazon Echo에서 전달받은 인텐트 타입을 판별합니다. "msg.payload.request.type"의 값이 시작될 때라면 "LaunchRequest", 일반적인 인텐트라면 "IntentRequest", 세션이 끊기거나 에러일 경우에는 "SessionEndedRequest"이며 문자열로 판별합니다. 자세한 인텐트 타입에 대해서는 3-1절에서 확인할 수 있습니다.

[화면 6] 인텐트 타입으로 처리 판별

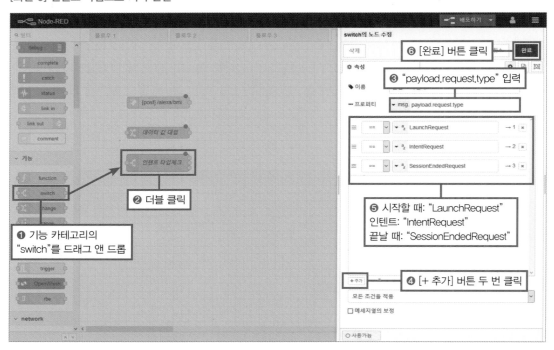

기능 카테고리의 "function" 노드를 드래그 앤 드롭합니다(화면 7). "function" 노드를 더블 클릭하여 편집합니다. Firebase에 저장되어 있는 대상 사용자 ID로부터 신장 데이터를 가져오기 때문에 사용자 ID를 받아 옵니다. Amazon Echo에서 전달되는 사용자 ID는 18번째 문자까지의 "amzn1.ask.accout."라는 문자열을 제외하고 저장합니다. Firebase는 "."이 포함된 값을 저장하지 못하므로 그 이후의 문자열을 받아 와서 저장한 값의 사용자 판별에 사용합니다.

[화면 7] 사용자 ID 받아 오기

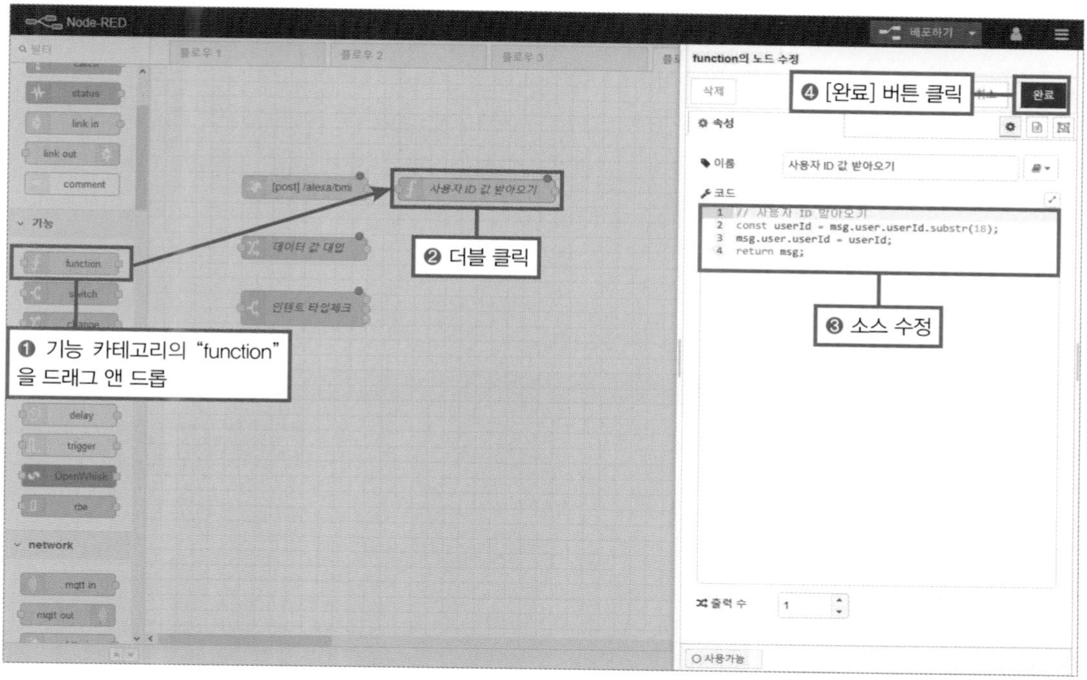

"function" 노드 더블 클릭(Alexa/Node-RED/BMI/BMI1.txt 내용 붙여 넣기)

```
1   // 사용자 ID 받아 오기
2   const userId = msg.user.userId.substr(18);
3   msg.user.userId = userId;
4   return msg;
```

2행

사용자 ID를 받아 옵니다. 사용자 ID는 개인을 특정할 수 없습니다. 스킬마다 사용자 ID가 부여되어 스킬을 활성 / 비활성하면 초기화되어 새롭게 사용자 ID가 부여됩니다.

3행

msg.user.userId에 사용자 ID를 대입합니다.

---

network 카테고리에 있는 "http request" 노드를 드래그 앤 드롭합니다(화면 8). "http request" 노드를 더블 클릭하여 노드를 편집합니다. 화면 8과 같이 메소드는 "GET"을 선택합니다. URL은 Firebase 페이지의 Database 화면에 있는 URL https://bmi-xxxxxx.firebaseio.com/bmi/{{user.userId}}.json을 복사하여 사용자 ID 전용 파일에 작성된 신장 데이터를 전달받습니다. 출력 형식은 "JSON"을 선택합니다. 한번도 BMI 측정을 하지 않은 경우에는 아무 것도 저장되어 있지 않으므로 데이터를 전달받을 수 없습니다. 전달받은 경우에는 "msg.payload"에 값이 저장됩니다.

[화면 8] 대상 사용자 ID 파일로부터 신장 데이터를 전달받음

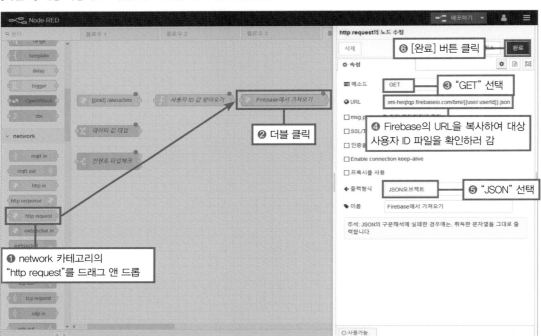

기능 카테고리의 "template" 노드를 드래그 앤 드롭합니다(화면 9). "template" 노드를 더블 클릭하여 소스를 수정합니다. 구문과 출력 형식 모두 "JSON"을 선택합니다.

"template" 노드 더블 클릭(Alexa/Node-RED/BMI/BMI2.txt 내용 붙여 넣기)

```
 1    {
 2      "version":"1.0",
 3      "response":{
 4        "outputSpeech": {
 5          "type":"PlainText",
 6          "text":"Node-RED is calculating BMI scale. Please say 'Start'."
 7        },
 8        "shouldEndSession":false
 9      },
10      "sessionAttributes": {
11          "HeightVal": "{{payload}}"
12      }
13    }
```

6행

사용자가 "스타트"라고 말할 수 있도록 발화 메시지를 설정합니다.

8행

대화가 이어지므로 shouldEndSession 값은 false로 합니다.

10행

세션에 값을 대입하여 Firebase의 데이터베이스에 매번 접속하지 않게 합니다. 세션에 대입하면 스킬이 접속되어 있는 동안에는 값을 가져올 수 있습니다. 스킬이 종료되면 값을 가져올 수 없으므로 스킬이 시작될 때 Firebase에서 값을 가져와서 세션에 대입하는 처리를 합니다.

11행

{{payload}}는 Firebase에서 가져온 신장 데이터 값이 있습니다. 신장의 값은 "HeightVal"에 대입합니다.

기능 카테고리의 "switch" 노드를 드래그 앤 드롭합니다(화면 10). "switch" 노드를 더블 클릭하여 노드를 편집합니다. 인텐트 이름이 "StartIntent"인지 판별합니다. 문자열을 비교하는 것이므로 메뉴에서 "az"인 채로 둡니다.

[화면 10] 인텐트 이름이 "StartIntent"인지 체크

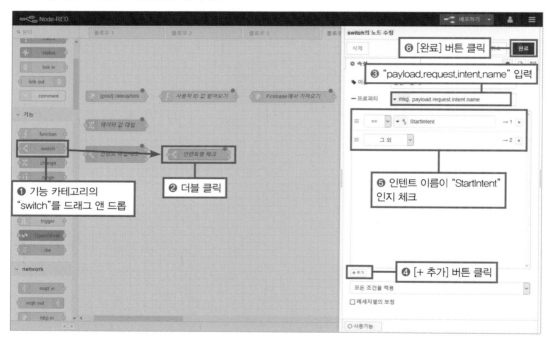

기능 카테고리의 "switch" 노드를 드래그 앤 드롭합니다(화면 11). "switch" 노드를 더블 클릭하여 노드를 편집합니다. "msg.payload.request.dialogState"라는 프로퍼티 값이 "COMPLETED"인지 체크합니다. dialogState에 대해서는 5-2절에서 설명하였습니다. 신장과 체중의 데이터 모두를 Amazon Echo가 전달받으면 "COMPLETED"로 바뀝니다.

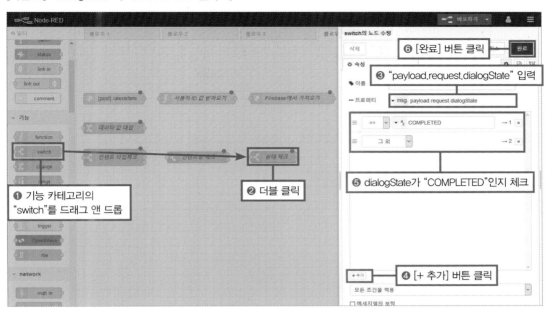

[화면 11] "dialogState"가 "COMPLETED"인지 체크

기능 카테고리의 "function" 노드를 드래그 앤 드롭 합니다(화면 12). "function" 노드를 더블 클릭하여 노드를 편집합니다. BMI의 계산 처리를 진행하며 msg.data에서 신장과 체중을 전달받습 니다.

[화면 12] BMI 계산 처리

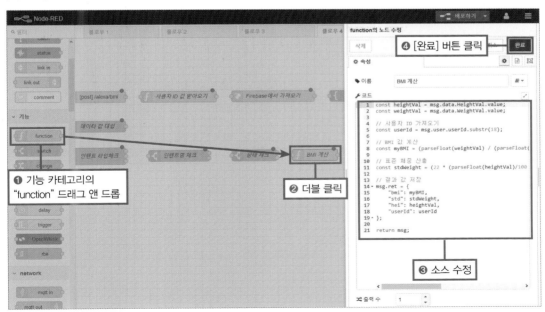

[화면 12] BMI 계산 처리

"function" 노드 더블 클릭(Alexa/Node-RED/BMI/BMI3.txt 내용 붙여 넣기)

```
1    const heightVal = msg.data.HeightVal.value;
2    const weightVal = msg.data.WeightVal.value;
3
4    // 사용자 ID 가져오기
5    const userId = msg.user.userId.substr(18);
6
7    // BMI 값 계산
8    const myBMI = (parseFloat(weightVal) / (parseFloat(heightVal)/100 *
     parseFloat(heightVal)/100)).toFixed(1);
9
10   // 표준 체중 산출
11   const stdWeight = (22 * (parseFloat(heightVal)/100 * parseFloat(heightVal)/100)).
     toFixed(1);
12
13   // 결과 값 저장
14   msg.ret = {
15       "bmi": myBMI,
16       "std": stdWeight,
17       "hei": heightVal,
18       "userId": userId
19   };
20
21   return msg;
```

1~2행

msg.data에서 신장과 체중 데이터를 받아 옵니다.

5행

Firebase에 신장 데이터를 저장하기 위한 대상이 되는 사용자 ID를 받아 옵니다.

8행

BMI를 계산합니다.

11행

표준 체중을 산출합니다.

14~19행

산출한 결과값을 대입합니다.

기능 카테고리의 "template" 노드를 드래그 앤 드롭합니다(화면 13). "template" 노드를 더블 클릭하여 노드를 편집합니다. 구문과 출력 형식 모두 "JSON"을 선택합니다.

[화면 13] Firebase에 저장하기 위한 데이터 설정

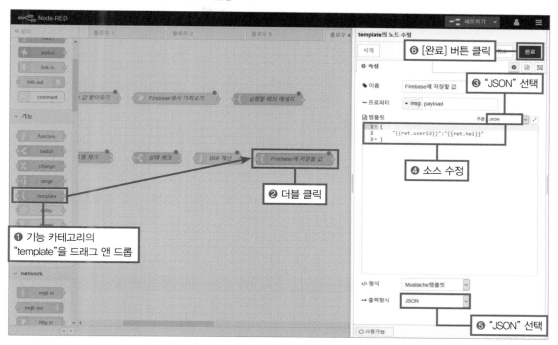

"template" 노드를 더블 클릭(Alexa/Node-RED/BMI/BMI4.txt 내용 붙여 넣기)

```
1  {
2      "{{ret.userId}}":"{{ret.hei}}"
3  }
```

2행
{{ret.userId}}로 사용자 ID를, {{ret.hei}}로 신장 데이터를 불러 옵니다.

"http request" 노드를 드래그 앤 드롭합니다(화면 14). "http request" 노드를 더블 클릭하여 노드를 편집합니다. 메소드는 "PUT"을 선택합니다. PUT에는 데이터베이스에 값을 수정, 생성하는 기능이 있습니다. URL은 "https://bmi-xxxxx.firebaseio.com/bmi.json"을 입력합니다. 출력 형식은 "JSON"을 선택합니다.

[화면 14] Firebase에 값을 입력

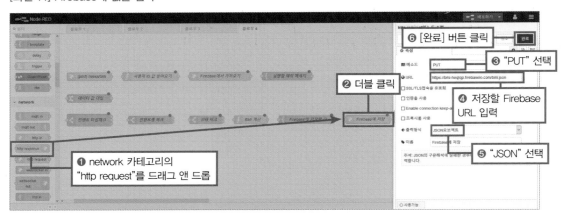

　기능 카테고리의 "template" 노드를 드래그 앤 드롭합니다(화면 15). "template" 노드를 더블 클릭하여 노드를 편집합니다. BMI의 계산 결과를 Amazon Echo가 말하게 하도록 설정합니다. 구 문과 출력 형식은 "JSON"을 선택합니다.

[화면 15] BMI 계산 결과의 발화

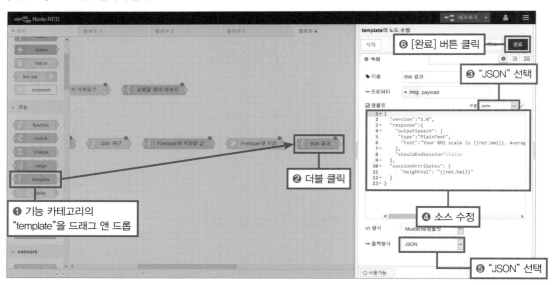

Chapter 6 Node–RED로 Google Home / Amazon Echo용 스킬 개발하기

"template" 노드 더블 클릭 (Alexa/Node−RED/BMI/BMI5.txt 내용 붙여 넣기)

```
 1   {
 2     "version":"1.0",
 3     "response":{
 4       "outputSpeech": {
 5         "type":"PlainText",
 6         "text":"Your BMI scale is {{ret.bmi}}. Average weight for your height is {{ret.
       std}}kg. Please say 'Start' to recalculate."
 7       },
 8       "shouldEndSession":false
 9     },
10     "sessionAttributes": {
11         "HeightVal": "{{ret.hei}}"
12     }
13   }
```

6행

Amazon Echo가 말할 내용을 설정합니다.

11행

세션에 신장 데이터를 대입합니다. 세션에 대입하였기 때문에 스킬 접속 중에도 신장 데이터를 유지합니다.

기능 카테고리의 "function" 노드를 드래그 앤 드롭합니다(화면 16). "function" 노드를 더블 클릭하여 노드를 편집합니다. dialogState가 "COMPLETED"가 아닌 경우의 처리를 작성합니다. "COMPLETED"가 아니라는 것은 아직 듣지 못한 질문이 있다는 것입니다. 즉, 신장 데이터 또는 체중 데이터를 아직 받아 오지 못한 상태입니다.

[화면 16] 다음 질문의 대답을 받는 처리를 진행

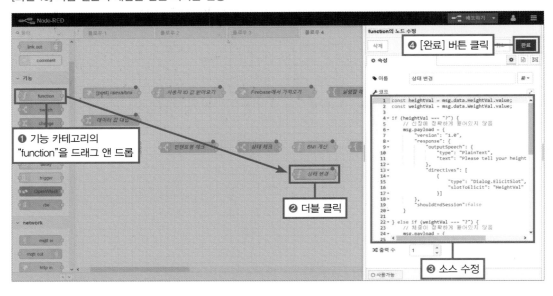

"function"노드 더블 클릭 (Alexa/Node-RED/BMI/BMI6.txt 내용 붙여 넣기)

```
1   const heightVal = msg.data.HeightVal.value;
2   const weightVal = msg.data.WeightVal.value;
3
4   if (heightVal === "?") {
5       // 신장이 정확하게 들어있지 않음
6       msg.payload = {
7           "version": "1.0",
8           "response": {
9               "outputSpeech": {
10                  "type": "PlainText",
11                  "text": "Please tell your height in centimeter."
12              },
13              "directives": [
14                  {
15                      "type": "Dialog.ElicitSlot",
16                      "slotToElicit": "HeightVal"
17                  }]
18          },
19          "shouldEndSession":false
20      }
21
```

```
22    } else if (weightVal === "?") {
23        // 체중이 정확하게 들어있지 않음
24        msg.payload = {
25            "version": "1.0",
26            "response": {
27                "outputSpeech": {
28                    "type": "PlainText",
29                    "text": "Please tell your weight in kilogram"
30                },
31                "directives": [
32                    {
33                        "type": "Dialog.ElicitSlot",
34                        "slotToElicit": "WeightVal"
35                    }]
36            },
37            "shouldEndSession":false
38        }
39
40    } else {
41        // 다음 질문으로 이동
42        msg.payload = {
43            "version": "1.0",
44            "response": {
45                "directives": [
46                    {
47                        "type": "Dialog.Delegate"
48                    }]
49            },
50            "shouldEndSession":false
51        }
52    }
53
54    return msg;
```

4행

신장 데이터가 아직 슬롯에 입력되지 않았으면 다시 한 번 신장을 물어보는 질문을 발화합니다. 올바른 값이 들어오지 않으면 "?"를 입력합니다. 값이 "?"인지 판별합니다.

15행

신장 데이터를 받아 오지 못한 경우에 "DialogElicitSlot"이라는 타입에 "slotToElicit"의 값에 있는 "HeightVal"을 다시 물어보는 설정을 합니다.

22행

체중 데이터의 경우입니다. 같은 방식으로 "?"인지를 체크합니다.

33행

체중 데이터의 값이 올바르게 입력되어 있지 않으면 "DialogElicitSlot" 타입에 설정합니다. 이후는 신장과 같은 방식으로 체중을 다시 물어보는 발화를 설정합니다.

41행

신장과 체중이 모두 올바르게 들어 왔으면 41행 이후의 처리를 실행합니다.

47행

"Dialog.Delegate" 타입을 설정하면 다음 질문으로 이동합니다. 체중을 아직 듣지 못한 경우 체중을 물어봅니다.

기능 카테고리의 "function" 노드를 드래그 앤 드롭합니다(화면 17). "function" 노드를 더블 클릭하여 노드를 편집합니다. 인텐트 이름이 "StartIntent"가 아닌 경우의 처리로 "이상적인 체중을 알려줘"라고 말한 경우의 처리를 실행합니다. 노드는 화면 17과 같이 배치합니다.

[화면 17] 이상적인 체중을 대답하는 노드

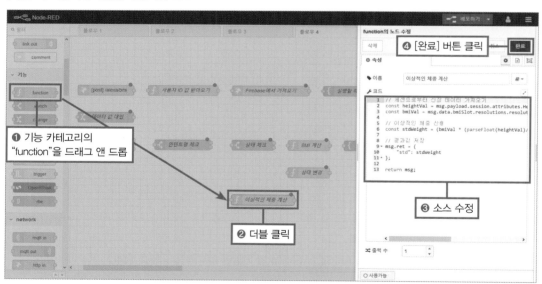

"function" 노드 더블 클릭 (Alexa/Node-RED/BMI/BMI7.txt 내용 붙여 넣기)

```
1   // 세션으로부터 신장 데이터 가져오기
2   const heightVal = msg.payload.session.attributes.HeightVal;
3   const bmiVal = msg.data.bmiSlot.resolutions.resolutionsPerAuthority[0].values[0].value.
    name;
4
5   // 이상적인 체중 산출
6   const stdWeight = (bmiVal * (parseFloat(heightVal)/100 * parseFloat(heightVal)/100)).
    toFixed(1);
7
8   // 결과값 저장
9   msg.ret = {
10      "std": stdWeight
11  };
12
13  return msg;
```

2행

세션에 저장된 신장 데이터를 가져 옵니다. 신장 데이터는 시작될 때 또는 BMI를 한 번 측정하면 저장됩니다.

3행

ideal이면 20, Cinderella면 18이라는 수치를 가져옵니다. 가져온 신장과 이상적인 체중을 바탕으로 계산합니다.

10행

계산 결과를 대입합니다.

기능 카테고리의 "template" 노드를 드래그 앤 드롭합니다(화면 18). "template" 노드를 더블 클릭하여 노드를 편집합니다. 구문과 출력 형식은 "JSON"을 선택합니다. 화면 18과 같이 노드를 설치합니다.

[화면 18] BMI 측정 결과를 돌려주는 노드

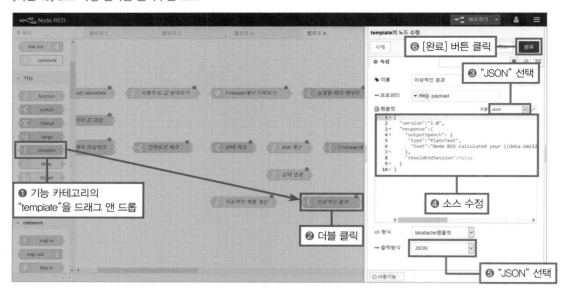

"template" 노드 더블 클릭 (Alexa/Node−RED/BMI/BMI8.txt 내용 붙여 넣기)

```
1   {
2     "version":"1.0",
3     "response":{
4       "outputSpeech": {
5         "type":"PlainText",
6         "text":"Node-RED calculated your {{data.bmiSlot.value}} weight. It is {{ret.std}}
      kg. Do you want to recalculate?"
7       },
8       "shouldEndSession":false
9     }
10  }
```

6행

"ideal"이나 "Cinderella"의 단어를 가져와서 계산한 이상적인 체중을 발화하는 설정을 합니다.

기능 카테고리의 "template" 노드를 드래그 앤 드롭합니다(화면 19). "template" 노드를 더블 클릭하여 노드를 편집합니다. 스킬이 종료될 때나 강제 종료할 때의 발화를 설정합니다. 화면 19와 같이 노드를 배치합니다.

[화면 19] 종료할 때의 발화 설정

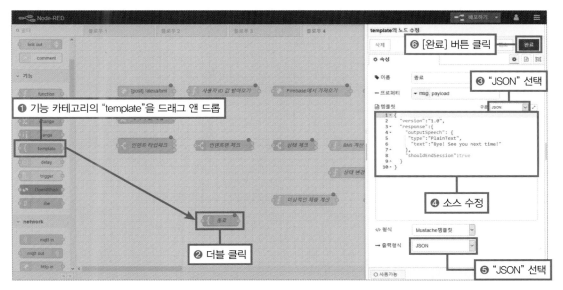

"template" 노드 더블 클릭 (Alexa/Node-RED/BMI/BMI9.txt 내용 붙여 넣기)

```
1   {
2     "version":"1.0",
3     "response":{
4       "outputSpeech": {
5        "type":"PlainText",
6         "text":"Bye! See you next time!"
7       },
8       "shouldEndSession":true
9     }
10  }
```

6행

종료할 때의 문장을 설정합니다.

---

network 카테고리에 있는 "http response" 노드를 드래그 앤 드롭합니다(화면 20). 모든 응답은 이 노드를 경유하도록 합니다. 화면 20과 같이 노드를 배치합니다.

[화면 20] 모든 응답을 경유하는 노드를 설치

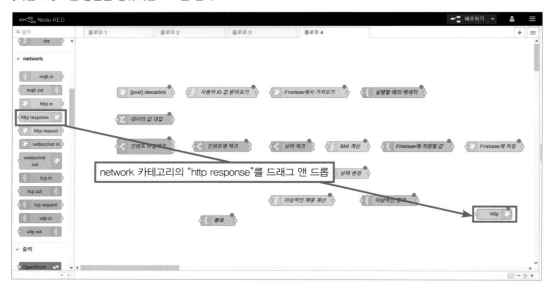

각 노드를 와이어로 연결합니다. 화면 21과 같이 연결하고 오른쪽 위의 [배포하기] 버튼을 클릭합니다.

[화면 21] 각 노드를 와이어로 연결

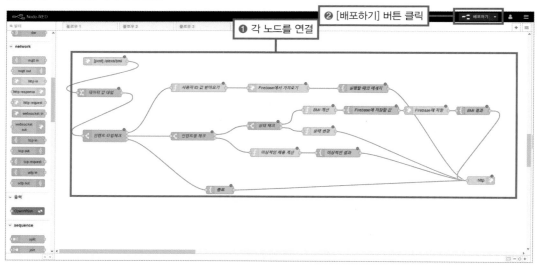

엔드포인트 설정하기

Amazon Developer 화면 왼쪽 메뉴에 있는 "Endpoint"를 클릭합니다(화면 22). 서비스 엔드
포인트 종류는 "HTTPS"를 선택하고, 기본 지역에 https://〈Node-RED 앱 이름〉.mybluemix.
net/alexa/bmi를 입력합니다. 그 아래의 메뉴에서 "My development endpoint is a sub-
domain of…"를 선택 후 [Save Endpoints] 버튼을 클릭합니다.

[화면 22] 엔드포인트 설정

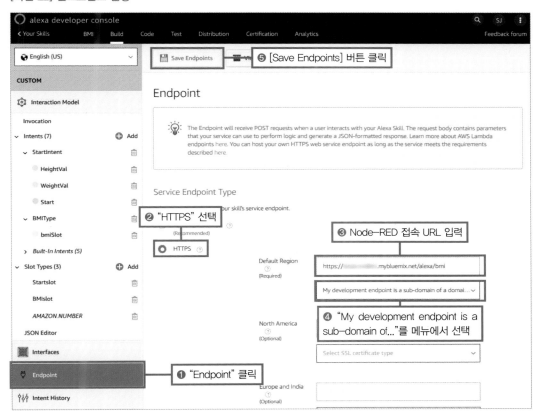

시뮬레이터에서 확인하기

"bmi call"을 입력합니다(화면 23). "Node-RED is calculating BMI scale. Please say
'Start'."라고 표시되면 Node-RED를 경유하여 발화된 것임을 확인할 수 있습니다. 일단 BMI를
측정하겠습니다.

[화면 23] Node-RED를 경유한 것을 확인

한 번 측정하면 Firebase의 Realtime Database에 신장 데이터가 저장됩니다. Firebase에 접속하여 대답한 신장 데이터가 저장되어 있는 것을 확인합니다. 화면 24와 같이 사용자 ID와 같이 대답한 신장 데이터가 저장되어 있는 것을 확인합니다.

[화면 24] Firebase에 데이터가 저장되어 있는 것을 확인

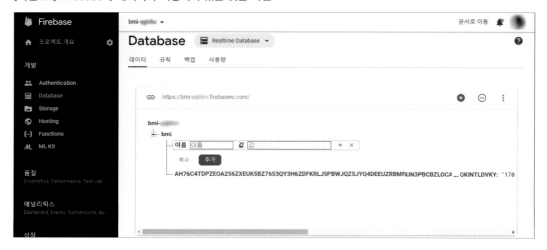

시뮬레이터에서 스킬을 다시 한 번 실행합니다. "Start"라고 하기 전에 "Let me know ideal weight"를 입력합니다. 화면 25와 같이 Firebase에서 가져온 세션 값을 전달받아 이상적인 체중을 계산합니다. 올바르게 체중을 대답하는지 확인합니다.

[화면 25] 이상적인 체중에 대한 대답을 듣는다

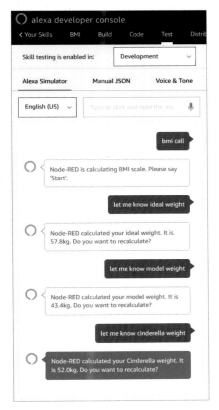

Chapter 07

스킬 신청 방법

생성한 스킬을 여러 사람들이 사용할 수 있도록
스킬 신청 방법을 설명합니다. 스킬을 배포하면
리뷰나 평가를 받을 수 있습니다. 실제로 평가
를 받으면 동기 부여가 되기도 합니다. 재미있
는 스킬을 꾸준히 배포해 보는 건 어떨까요?

7 1 스킬 신청 방법
– Google Home편

Google Home의 스킬 신청 방법을 설명하겠습니다. 순서대로 하면 쉽게 신청할 수 있습니다. Google Home의 경우에는 구글 티셔츠를 받거나 Google Cloud Platform이라는 클라우드 서비스에서 사용할 수 있는 200달러의 쿠폰을 받을 수 있습니다. 기간 한정이므로 이벤트 기간을 사전에 확인합시다.

▶ 스킬 신청

Actions on Google 페이지에 접속합니다(https://developers.google.com/actions/). 오른쪽에 있는 [Go To Actions Console] 버튼을 클릭합니다(화면 1).

[화면 1] [Go To Actions Console] 버튼 클릭

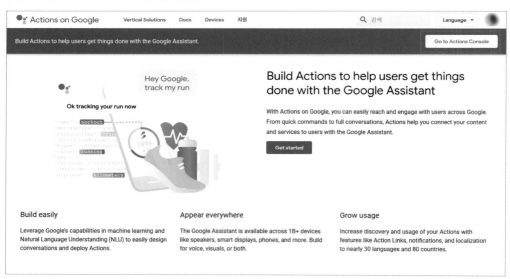

생성한 스킬의 프로젝트가 있으니 신청할 프로젝트를 클릭합니다. 상단 메뉴에 있는 Deploy를 클릭합니다(화면 2).

[화면 2] Deploy 클릭

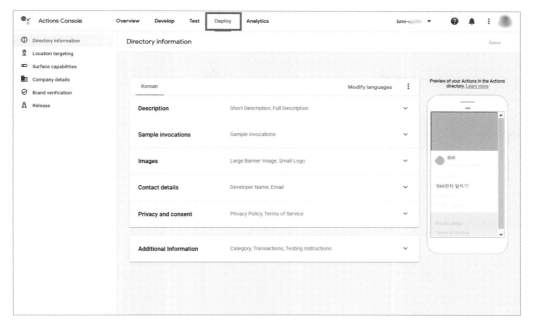

Description 부분에 스킬의 설명을 입력합니다(화면 3). "Short description"은 스킬 설명문을 짧게 단적으로 설명한 문장을 입력하고, "Full description"은 스킬의 상세 설명문을 입력합니다. 설명문을 입력하면 오른쪽에 있는 스마트폰의 레이아웃에 반영됩니다.

[화면 3] 스킬 설명문 입력

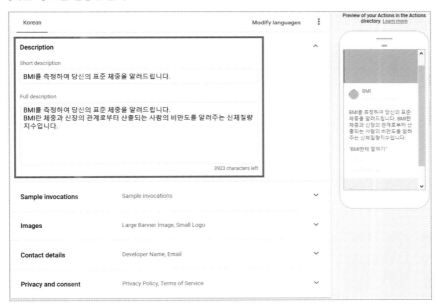

Sample invocations는 스킬을 시작하기 위한 표현을 등록합니다(화면 4). 이번 예시에서는 "BMI에 연결해줘"나 "BMI하고 이야기"라고 입력합니다. 이 밖에도 추가할 때에는 [Add Invocation] 버튼을 클릭합니다. 최대 다섯 종류까지 등록할 수 있습니다.

[화면 4] 스킬을 시작하기 위한 표현을 등록

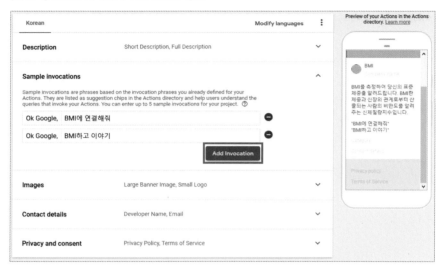

Images는 스킬의 아이콘이나 스킬 설명 페이지에 표시되는 배너 이미지를 설정합니다(화면 5). 배너 이미지는 1920×1080의 PNG 이미지가 필요하고 아이콘 이미지는 192×192의 PNG 이미지가 필요합니다. 배너 이미지에는 예제 파일 GoogleHome/img_bmi_banner.png를, 아이콘 이미지에는 GoogleHome/img_bmi_icon.png를 설정합니다.

[화면 5] 스킬의 배너 이미지와 아이콘 이미지 설정

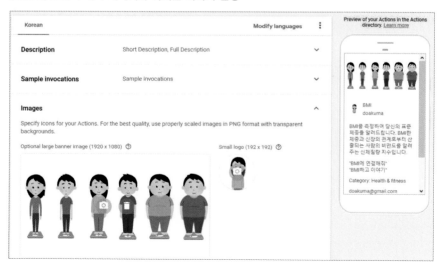

Contact details는 개발자 이름과 이메일 주소를 설정합니다(화면 6). 개발자 이름은 원하는 이름으로 입력합니다. 이메일 주소는 스킬 이용자가 문의할 때 필요하기 때문에 필수 입력 사항입니다.

[화면 6] 스킬 개발자 이름과 이메일 주소 입력

Privacy and consent는 스킬의 개인정보 보호 정책이나 이용규약의 URL을 입력합니다(화면 7). Google Home으로 스킬을 배포하기 위해서는 개인정보 보호 정책이 필수 사항입니다. 그렇게 어려운 내용이 아니어도 좋으니 "제공하는 스마트 스피커 애플리케이션에서는 이용하시는 분들의 정보를 수집하지 않습니다"라는 한 문장을 넣으면 문제 없습니다. Google 폼 등 무료로 사이트를 만들 수 있는 서비스도 있으므로 이를 이용해도 좋습니다. Google 드라이브에 단순한 메모를 업로드한 뒤 공개 URL을 취득해도 문제 없습니다.

[화면 7] 개인정보 보호 정책과 이용규약의 URL 지정

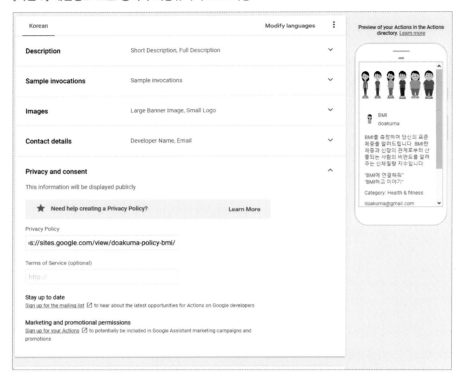

　　화면 8의 Additional Information은 스킬의 카테고리 설정이나 패밀리용 여부와 술이나 담배와 관련된 스킬인지를 묻는 설문이 있으므로 해당하는 부분은 설정합니다. Testing Instructions는 스킬을 심사할 때의 순서를 입력합니다. 맨 아래의 Transaction은 예약이나 주문하는 스킬인지를 체크합니다. 해당하는 경우에는 체크합니다.

[화면 8] 스킬의 카테고리 설정

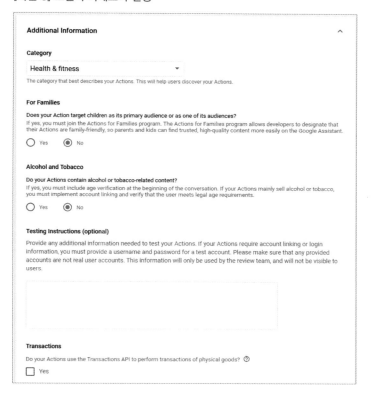

필수 항목을 입력하였으면 화면 오른쪽 위의 [Save] 버튼을 클릭합니다(화면 9).

[화면 9] 필수 항목 입력 후 [Save] 버튼 클릭

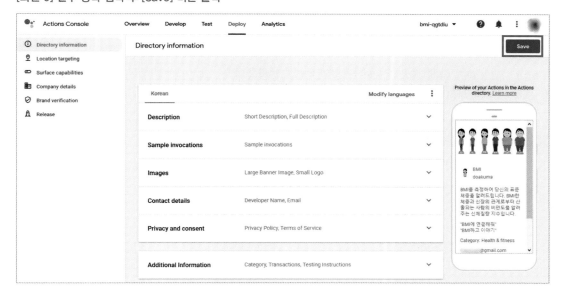

화면 10의 왼쪽 메뉴에 있는 Location targeting을 클릭하여 스킬을 배포할 국가를 지정합니다. 초기 상태는 모든 국가에 배포가 되도록 체크되어 있습니다. 기본적으로는 모든 국가에 체크를 해도 큰 문제는 없습니다. 대신 실제로 스킬을 배포하기 위해서는 각 국가에서 스킬 심사를 통과해야 배포가 되며 각 국가별로 현지화를 진행해야 합니다.

[화면 10] 스킬 배포 국가 설정

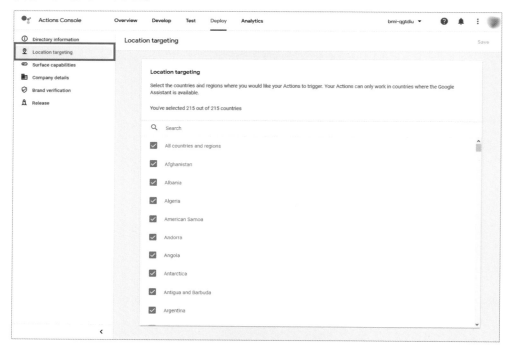

화면 11의 왼쪽 메뉴의 Surface capabilities를 클릭합니다. 개발한 스킬이 어떤 기기에 대응하는지를 지정합니다. 맨 첫 번째 설문은 "스킬은 음성 출력을 필요로 하는가?"라는 설문입니다. Google Home은 음성 출력 전용이므로 Yes를 선택합니다. 그 이외의 항목은 화면을 출력하는지, 동영상을 재생하는지, 웹 브라우저를 필요로 하는지를 물어봅니다. 설정이 끝나면 오른쪽 위의 [Save] 버튼을 클릭합니다.

[화면 11] 대상 기기 설정

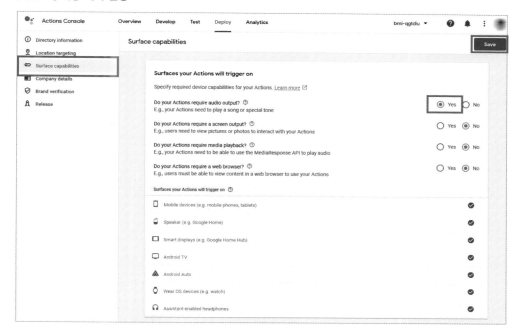

화면 12의 왼쪽 메뉴의 Release를 클릭합니다. 스킬 신청 준비가 끝나면 Production 카테고리의 [Create a release] 버튼을 클릭합니다.

[화면 12] [Create a release] 버튼 클릭

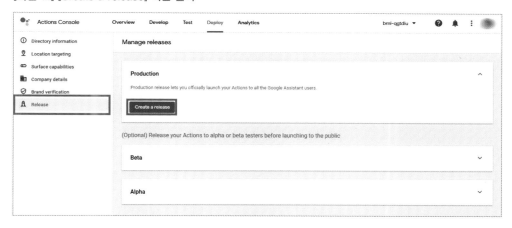

클릭하면 스킬의 테스트를 진행하였는지의 체크와 스킬 개발 가이드라인에 따라 개발하였는지를 확인하는 내용이 표시됩니다(화면 13). 두 항목 모두 체크하면 오른쪽 아래의 [Submit for review] 버튼이 활성화됩니다.

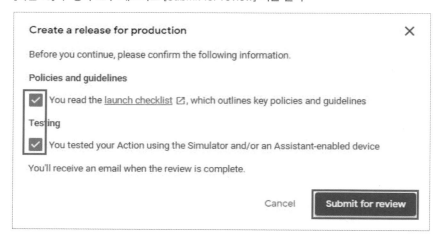

심사는 문제가 없으면 1영업일 이내에 완료됩니다. 심사가 통과되지 않을 때는 문제가 있는 부분을 메일로 알려 주며 심사가 무사히 통과되어도 메일로 알려 줍니다. 심사가 통과하고 몇 시간이 지나면 누구라도 여러분이 만든 스킬을 사용할 수 있습니다.

퀄리티가 높고 많은 사람이 사용하면 구글에서 축하 선물을 보내 주기도 하는 것 같습니다. 좋은 아이디어가 있으면 스킬을 릴리즈해 봅시다.

7·2 스킬 신청 방법
– Amazon Echo편

Amazon Echo의 스킬 신청 방법을 설명하겠습니다. 순서대로 하면 쉽게 신청할 수 있습니다. Amazon Echo도 오리지널 티셔츠를 받거나 AWS 클라우드 서비스에서 사용할 수 있는 100달러 쿠폰을 받을 수 있습니다. 기간 한정이므로 티셔츠 캠페인이 열리는지를 사이트에서 확인해 보세요.

▶ 스킬 신청

Alexa developer console 페이지에 접속합니다(화면 1). 신청한 스킬을 편집합니다. Distribution 탭을 클릭하여 스토어의 미리보기에 필요한 항목을 입력합니다.

스킬의 배포 이름, 설명문, 108×108의 PNG 이미지, 512×512의 PNG 이미지, 카테고리 설정을 진행합니다. Small Skill Icon에는 예제 파일 Alexa/icon_bmi_108.png를, Large Skill Icon에는 예제 파일 Alexa/icon_bmi_512.png를 설정합니다. Google Home과는 다르게 개인정보 보호 정책이 필수는 아닙니다. 스킬 이용자의 개인정보를 다룰 것 같은 스킬의 경우에는 개인정보 보호 정책을 설정합니다. 필수 항목을 입력하였으면 화면 오른쪽 아래의 [Save and continue] 버튼을 클릭합니다.

[화면 1] 필수 항목 입력 후 [Save and Continue] 클릭

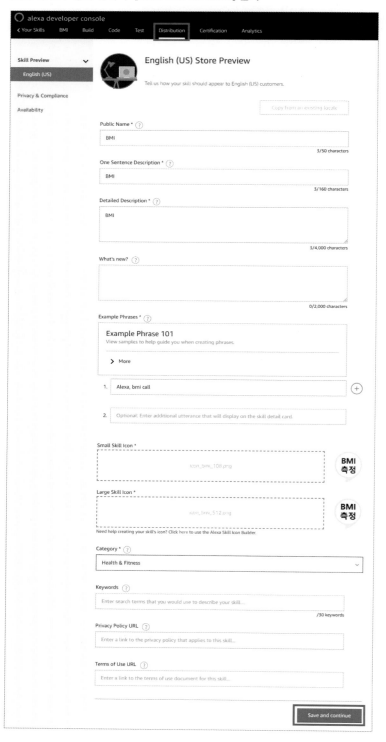

화면 2의 Privacy & Compliance는 법정 정보를 지정합니다. 스킬의 해당 항목에 답을 하고 Export Compliance(수출 컴플라이언스)를 체크합니다. 심사위원이 스킬을 테스트하기 위한 순서를 입력합니다. 모두 응답했으면 [Save and continue] 버튼을 클릭합니다.

[화면 2] 프라이버시와 컴플라이언스 설정

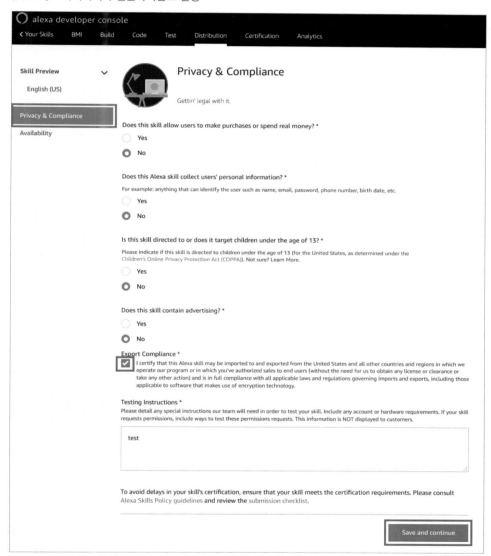

화면 3의 Availability(공개 범위)는 스킬의 접속 가능한 사용자를 설정합니다. 일반적으로 배포하는 경우는 "Public"을 선택합니다. 공개 국가를 선택하고 설정이 완료되면 [Save and continue] 버튼을 클릭합니다.

[화면 3] 공개 범위(Availability) 설정

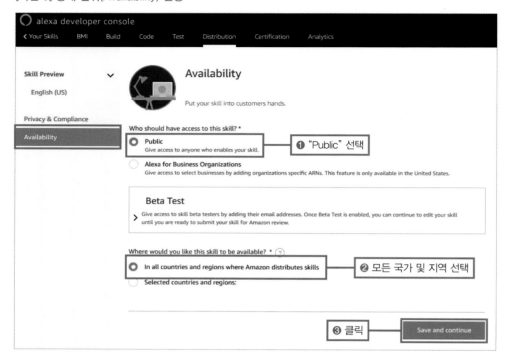

화면 4의 Certification 탭을 클릭합니다. 왼쪽 메뉴에 있는 Validation(검증)을 클릭하여 [Run] 버튼을 클릭합니다. "에러는 발견되지 않았습니다(Zero errors found.)"라는 표시가 나오면 됩니다.

[화면 4] Validation(스킬 검증) 체크

검증이 끝나면 화면 5의 왼쪽 메뉴에 있는 Submission(신청)을 클릭합니다. 스킬을 신청할 준비가 되면 [Submit for review] 버튼을 클릭합니다.

스킬의 심사는 1영업일이면 끝납니다. 스킬의 심사가 통과되지 않으면 메일로 알려 주며 심사한 순서도 상세히 알려 주기 때문에 문제가 있는 부분을 쉽게 알 수 있습니다. 스킬의 심사가 무사히 통과되면 메일로 알려 주며 몇 시간 후부터는 누구든지 스킬을 이용할 수 있게 됩니다.

[화면 5] 스킬의 신청

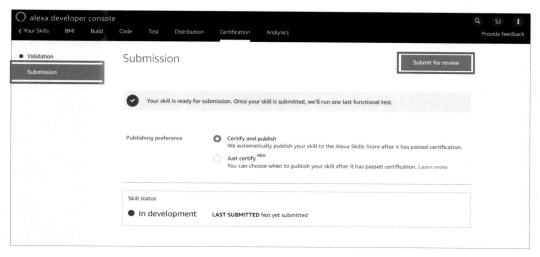

▶ 신청할 때의 주의점

스킬을 신청할 때에 주의할 점이 있습니다. Amazon Echo는 이용자에게 "헬프"라는 말을 들으면 스킬의 사용법을 대답해야만 하는 규칙이 있습니다.

"헬프"라고 하면 "AMAZON.HelpIntent"라는 인텐트가 호출되어 스킬의 설명을 발화시키도록 합니다. 종료할 때도 심사 체크가 있는데, 스킬을 종료시키는 표현에도 반응하게 해야 합니다. "종료"라고 하면 "AMAZON.StopIntent"라는 인텐트가 호출되고 "캔슬"이라고 말하면 "AMAZON.CancelIntent"라는 인텐트가 호출됩니다. 심사할 때는 "종료"나 "캔슬"의 표현에도 반응하는지를 체크하므로 반드시 적용하도록 합니다. Lambda의 설정 예시는 다음과 같습니다.

[index.js]

```
1   const HelpHandler = {
2       canHandle(handlerInput) {
3           return handlerInput.requestEnvelope.request.type === 'IntentRequest' &&
4           handlerInput.requestEnvelope.request.intent.name === 'AMAZON.HelpIntent';
5       },
6       handle(handlerInput) {
7           const speechText = 'I will calculate your BMI. To start, say "Start".';
8
9           return handlerInput.responseBuilder
10              .speak(speechText)
11              .reprompt(speechText)
12              .getResponse();
13      }
14  };
15
16  // EndIntent
17  const EndHandler = {
18      canHandle(handlerInput) {
19          return handlerInput.requestEnvelope.request.type === 'IntentRequest'
20          && (handlerInput.requestEnvelope.request.intent.name === 'EndIntent' ||
21              handlerInput.requestEnvelope.request.intent.name === 'AMAZON.
    StopIntent' ||
22              handlerInput.requestEnvelope.request.intent.name === 'AMAZON.
    CancelIntent');
23      },
24      handle(handlerInput) {
25      const speechText = 'I will stop calculating BMI scale. Bye! ';
26
27      return handlerInput.responseBuilder
28          .speak(speechText) /* I will stop calculating BMI scale. Bye! */
29          .getResponse();
30      }
31  };
```

> **4행**
>
> 인텐트 이름이 "AMAZON.HelpIntent"인지 체크합니다
>
> **7행**
>
> 스킬 사용법의 발화 내용을 등록합니다.
>
> **20~22행**
>
> 인텐트 이름이 "EndIntent"인지 "AMAZON.StopIntent"인지 "AMAZON.CancelIntent"인지를 체크합니다. "종료"라고 말하면 "AMAZON.StopIntent"가 호출되고 "캔슬"이라고 말하면 "AMAZON.CancelIntent"가 호출됩니다.

이 밖에도 주의할 점이 있습니다. 운세 스킬을 만든 경우 이용자의 생년월일을 물어보는 패턴이 있는데, 존재하지 않는 날짜를 들었을 때의 대응도 해야 합니다. 스킬 이용자가 2019년 2월 30일 이라고 존재하지 않는 날짜를 말했을 경우에는 "그런 날짜는 존재하지 않습니다. 올바른 날짜를 말해 주세요"라고 다시 말하도록 유도해야 합니다.

스킬의 개발은 대화의 진행을 원활하게 하도록 해야 합니다. 예를 들어 운세 스킬에서 운세의 결과만을 말하고 끝나버리면 이 스킬은 심사에 통과하지 않습니다. 운세 결과를 말한 뒤에 "운세를 보고 싶은 사주가 또 있습니까?"라거나 "운세를 더 보시겠습니까?" 등과 같이 대화를 이어나가기 위한 질문을 같이 발화하여야 합니다. 말을 끝내고 종료하는 경우에는 문제 없습니다.

이 밖에도 세세한 테스트를 진행합니다. 스킬을 신청하기 전에 충분히 테스트를 진행하고 신청하도록 합니다.

7 3 스킬 신청 방법
– Naver Clova편

Naver Clova의 스킬 신청 방법을 설명하겠습니다. 순서대로 하면 쉽게 신청할 수 있습니다. Naver Clova도 오리지널 티셔츠를 받을 수 있는 이벤트를 진행하고 있습니다.

▶ 스킬 신청

Clova Developer Console 페이지에 접속합니다(화면 1). 기본 정보의 "수정"을 클릭하여 기본 정보 화면을 표시합니다.

[화면 1] 기본 정보의 "수정" 클릭

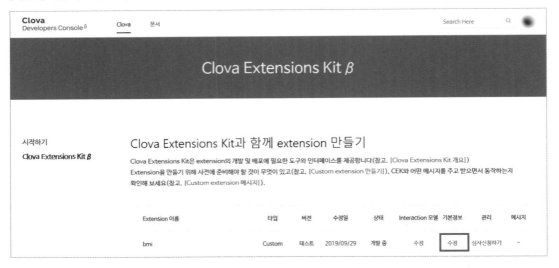

"Skill Store 노출 정보"를 클릭하여 화면 2를 표시합니다. 카테고리 설정이나 심사 담당자에게 코멘트를 입력합니다. 발화 문장의 첫 번째는 "클로바"라는 표현을 반드시 붙입니다. 이 표현을 붙이지 않으면 심사에 통과되지 않습니다. "클로바" 뒤의 표현은 기본 정보의 호출 이름(메인)에서 설정한 대문자의 "BMI"로 일치시켜야만 합니다. 이번 경우라면 "클로바 BMI를 시작해 줘"가 됩니다. 대표 샘플 발화의 두 번째 이후는 "클로바 〈호출 이름(메인)〉을 실행해 줘"와 "클로바 〈호출 이름(메인)〉에 시작해 줘"를 설정하면 됩니다. 지원하고 있는 것은 "~을 열어 줘", "~을 실행해 줘", "~에 시작해 줘" 세 종류입니다. 각 항목을 입력하고 [다음] 버튼을 클릭합니다.

[화면 2] Skill Store 노출 정보를 입력하고 [다음] 버튼 클릭

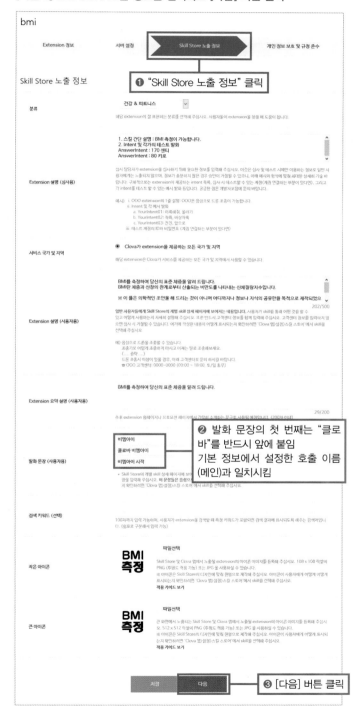

화면 3으로 이동하면 오른쪽 아래에 있는 [심사신청하기] 버튼을 클릭합니다.

[화면 3] [심사신청하기] 버튼 클릭

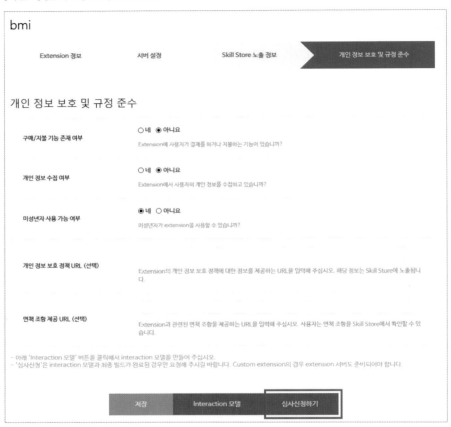

화면 4의 팝업이 나타나며 심사 운영자에게 알리고 싶은 내용이 있으면 내용을 입력하고 오른쪽 아래에 있는 [심사신청하기] 버튼을 클릭합니다. 1~2 영업일이 지나면 심사는 완료되며 심사 결과는 메일로 알려 줍니다.

[화면 4] 코멘트를 입력하고 [심사신청하기] 버튼 클릭

심사신청하기 ✕

심사신청은 extension을 Skill Store를 통해 일반사용자 모두에게 공개하기 위함입니다. Extension은 매주 월요일 저녁 6시까지 접수된 건에 대해 심사해서 매주 화요일 오후에 승인 또는 거절되는 점 감안하시길 바랍니다.

❶ 운영자에게 알리고 싶은 내용이 있으면 코멘트를 입력

심사 신청 후에는 extension의 정보 및 interaction 모델을 수정할 수 없습니다. 심사가 완료되기 전에 심사 요청을 취소할 수 있습니다. 계속 진행 하시겠습니까?

※ 심사 요청전 아래 자주 거절되는 항목들에 대해 다시 한번 확인해 주십시오. 심사 거절시 재승인까지 최소 1~2주 기간은 기다리셔야 합니다.
(1) 아이콘 디자인을 가이드에 맞춰 제작했는지 (512 x 512 픽셀, 원형에 흰색이 아닌 배경색 적용)
(2) Skill Store용 발화 문장으로 정리된 3문장이 스피커에서 정확히 작동하는지
(3) Skill Store용 설명에 고객센터 연락처가 들어가 있는지
(4) Extension 서버 주소가 정확한지 (예: 개발서버 주소)
(5) 계정 연동시 설정 항목이 정확한지

취소   심사신청하기 ──── ❷ [심사신청하기] 버튼 클릭

마치며

7장에 걸쳐 세 가지 기종에 대응하는 스마트 스피커 스킬의 제작 방법을 설명하였습니다. 간단한 스킬은 프로그래밍을 하지 않아도 만들 수 있습니다. Google의 Dialogflow, Amazon의 Alexa Skills Kit, Naver의 Clova Extensions Kit은 각각의 툴 사용 방법이 다르지만, 기본적인 사고 방식이나 사양은 거의 같기 때문에 책을 읽는 모든 분들도 GUI 화면을 순서대로 따라 하면 간단히 스킬을 만들 수 있습니다. 이 책이 발간될 때에는 화면이 조금씩 바뀌거나 설명한 버튼이 없어진 경우도 있겠지만, 기초 부분은 동일하기 때문에 순서대로 읽어 나가면 계속해서 스킬을 작성할 수 있습니다.

Amazon Echo Spot처럼 화면이 있는 스마트 스피커도 앞으로 늘어날 것이며, 자동차에 VUI(음성 UI)가 탑재되는 사례도 점점 늘어날 것입니다. 가고 싶은 장소나 듣고 싶은 음악을 말하기만 하면 되는 시대입니다. 자동차뿐만 아니라 전자레인지나 냉장고와 같은 가전에도 역시 이러한 기능이 탑재되고 있으며, 거울에 탑재되는 사례도 있습니다. 오늘의 코디 조언이나 옷의 상태를 말해 주는 등 마치 마법의 거울과도 같습니다. 처음에는 간단한 일만 가능했지만 시간이 지나면서 복잡한 일들도 아주 쉽게 할 수 있을 것입니다. 그런 시대가 오는 것이 기다려집니다.

6장에서 설명한 Node-RED는 화면에 드래그 앤 드롭하여 노드를 연결하기만 하면 간단하게 프로그래밍을 할 수 있습니다. Node-RED를 통한 음성 스킬 개발은 초등학생도 접할 수 있을 정도로 아주 쉽습니다. 앞으로는 누구든지 쉽게 프로그래밍을 하고, 최종적으로는 목소리를 내는 것만으로 프로그래밍을 할 수 있는 시대가 오지 않을까요?

이 책에서는 기본적인 스킬을 설명했습니다. 앞으로는 여러분의 아이디어로 재미있는 스킬을 만들어 보면 좋겠습니다. 이 책을 기회로 많은 스킬이 만들어지고 배포되기를 기대합니다.

스마트 스피커 앱 만들기

1판 1쇄 2020년 6월 30일

저 자	주식회사 아이엔터 타카우마 히로노리
역 자	정순관
발 행 인	김길수
발 행 처	(주)영진닷컴
주 소	서울시 금천구 가산디지털2로 123
	월드메르디앙벤처센터2차 10층 1016호 (우)08505
등 록	2007. 4. 27. 제16-4189호

©2020. (주)영진닷컴

ISBN 978-89-314-6295-1

영진닷컴
프로그래밍 도서

영진닷컴에서 출간된 프로그래밍 분야의 다양한 도서들을 소개합니다.
파이썬, 인공지능, 알고리즘, 안드로이드 앱 제작, 개발 관련 도서 등 초보자를 위한 입문서부터
활용도 높은 고급서까지 독자 여러분께 도움이 될만한 다양한 분야, 난이도의 도서들이 있습니다.

호기심을 풀어보는
신비한 파이썬
프로젝트

LEE Vaughan 저 | 416쪽
24,000원

나쁜 프로그래밍
습관

칼 비쳐 저 | 256쪽
18,000원

유니티를 이용한
VR앱 개발

코노 노부히로, 마츠시마 히로키,
오오시마 타케나오 저 | 452쪽
32,000원

하루만에 배우는
안드로이드 앱 만들기
2nd Edition

서창준 저 | 272쪽
20,000원

퍼즐로 배우는
알고리즘
with 파이썬

Srini Devadas 저 | 340쪽
20,000원

돈 되는
안드로이드
앱 만들기

조상철 저 | 512쪽 29,000원

다양한 그래프, 간단한 수학,
R로 배우는 머신러닝

요코우치 다이스케,
아오키 요시미쓰 저
208쪽 | 16,000원

IT 운용 체제 변화를 위한
데브옵스 DevOps

카와무라 세이고, 기타노 타로오,
나카야마 타카히로 저
400쪽 | 28,000원

게임으로 배우는
파이썬

다나카 겐이치로 저 | 288쪽
17,000원

수학으로 배우는
파이썬

다나카 카즈나리 저 | 168쪽
13,000원

텐서플로로 배우는
딥러닝

솔라리스 저 | 416쪽
26,000원

그들은 알고리즘을
알았을까?

Martin Erwig 저 | 336쪽
18,000원